우리의 매력 중 하나는 나이

현대수필가100인선 Ⅱ·64

우리의 매력 중 하나는 나이

황선유 수필선

수필과비평사 · 좋은수필사

■ 책머리에

　수필은 누구나 부담 없이 읽고, 마음만 먹으면 직접 쓸 수도 있는 가장 친근한 문학이다. 다른 영역의 문학이 영상매체에 밀려 신음하고 있는 중에도 수필 인구만은 날로 증가하여 바야흐로 수필 전성시대를 구가하고 있는 이유도 거기에 있을 것이다.

　시대적 추세에 힘입어 수많은 수필전문지, 수필동인지가 창간되고, 이에 비례하여 신진 수필가도 날로 늘어나다 보니 이제는 그 많은 작가, 그 많은 작품 중에서 문학성 높은 작품을 가려 읽는 일이 쉽지 않게 되었다. 이런 현상은 작가에게나 독자에게나 결코 바람직한 일이 아니다. 더 나아가서는 수필을 연구하는 후세들에게도 큰 부담이 될 것이다.

　이런 문제를 해결하는 데는 출판인도 마땅히 한몫을 감당해야 한다는 평소의 소신에 따라, 본사가 기꺼이 그 역할을 맡기로 했다. 그 첫 번째 사업으로 시대를 대표할 만한 수필가 100인을 선정하고, 작가가 자선한 40편 내외의 작품을 수록한 문고본을 발간하여 이를 널리 보급함으로써 그 소임을 다하고자 한다.

　본사는 사명감을 가지고 이 사업을 추진해 나가기로 했다. 작가 선정을 전담할 편집위원회를 구성하고 전권을 위임하여 일체의 사적인 정실이나 청탁을 배제함으로써 전문성과 공정성을 확보해 나갈 것이다.

　따라서 이 기획물 속에는 작가의 문학정신뿐만 아니라, 본사의 문학사적 기여 의지와 편집위원 제위의 수필문학에 대한 애정과 문인으로서의 양심이 함께 담겨 있음을 자부한다. 다만, 작가를 선정하는 기준에는 많은 견해의 차이가 있을 수 있고, 선정 과정에서도 미처 챙기지 못한 부분이 있을 것이라는 사실만은 인정하지 않을 수 없다. 이 점에 대해서는 관계자 여러분의 양해 있으시기 바란다.

이 시리즈의 발간 순서는 작가, 또는 본사의 사정에 의한 것일 뿐 그 밖의 어떤 기준도 적용하지 않았음을 밝힌다.

본 기획물이 시대를 초월한 많은 수필 애호가들의 관심과 애정 속에 우리나라 수필문학 발전에 한 이정표가 되기를 바랄 뿐이다.

본사에서는 이상과 같은 취지로 『현대수필가 100인선』 전 100권을 완간하여 큰 반향을 불러일으킨 바 있다.

그러나 우리 수필문단의 규모나 수필문학의 수준에 비추어 선정 작가를 100인으로 한정하는 것은 형평성이나 효율성 면에서 크게 부족하다는 의견이 많았고, 본사 또한 이를 통감하던 터라 기꺼이 『현대수필가 100인선 Ⅱ』를 발간하기로 했다.

본사의 충정에 찬동하여 출판에 응해주신 저자 여러분에게 감사한다.

2014년 9월

수필과비평·좋은수필 발행인 서정환
현대수필가 100인선 간행 편집위원 박재식 최병호
정진권 강호형
오세윤

차례 | 현대수필가100인선 Ⅱ · 64

1_부 쑥을 캔다는 것

무렴한 글 • 12
여수에 젖다 • 16
오십을 기다리다 • 20
약간의 거리 • 24
전잎을 다듬다 • 27
수비토의 언어 • 31
쑥을 캔다는 것 • 35
풍금이 있던 자리 • 39
금반지 두 개와 이만 원 • 43

현대수필가100인선 Ⅱ · 64

2_부 거기에 네가 있었다

은은한 것들의 습작 • 48
물미 해안에서 보낸 편지 • 56
세월 • 60
방관 • 64
미망 • 68
귀환 • 72
아, 떫감 • 76
거기에 네가 있었다 • 80
울적한 날에는 간절곶으로 간다 • 84

3_부 우리의 매력 중 하나는 나이

들깨짬뽕을 먹는 시간 • 90
阿Q와 첫눈과 나 • 94
힘세고 부지런한 사내 • 98
56년생이 86년생에게 • 102
우리의 매력 중 하나는 나이 • 107
침묵 • 111
핏줄 • 115
한 끼의 미학 • 119
부엌과 친해지기 • 124

4_부 남아있는 나날

한때 장미였던 • 130
계모, 서모 • 134
몌별 • 139
헛글 • 143
선망 • 147
晩年 • 151
무작하다 • 155
일몰 너머 • 160
남아있는 나날 • 165

■ 작가연보 • 169

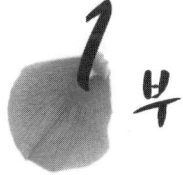

무렴한 글
여수에 젖다
오십을 기다리다
약간의 거리
전잎을 다듬다
수비토의 언어
쑥을 캔다는 것
풍금이 있던 자리
금반지 두 개와 이만 원

무렴한 글

 추석은 잘 지내었는지, 명절 입성은 그만하였는지, 언제적처럼 어디 먼 곳으로 나들이라도 다녀왔는지 염치없이 궁금합니다. 이리 말했으니 그 언제적 일을 들먹여도 괜찮겠지요.
 웬일인지 그해 추석에 집을 비웠지요. 어린 마음에도 허황함을 어찌하지 못했는가 그해 따라 넉넉한 햇곡이며 과실이며 청명한 가을 하늘에도 눈길 주기를 마다한 채 텃밭으로 난 샛문 옆에 쪼그리고 앉았습니다. 나무 작대기로 땅바닥에다 아린 이름을 그어 불렀지요. 고개를 들면 텃밭에서 흰 머릿수건을 두르고 허리를 굽혀 무슨 남새거리를 솎는 모습이 보였다가 말았다가 했답니다. 그때 어금니 안쪽에서 배어나는 울음을 참아가며 처음으로 쓸쓸함을 배웠습니다. 세월은 흐르고 마룻바닥에 엎드려 연필심에 침을 묻혀 꾹꾹 눌러쓰며 배웠던 천자

문과 함께 유년의 기억들도 시나브로 잊혀가건만, 너무 야무진 학습 탓인지 그날 배운 쓸쓸함은 해가 갈수록 더 선연하기만 합니다.

긴 휴일이 좋았다 말았다 하는 것도 나이 탓인가 봅니다. 눈앞에서 얼쩡거리던 아들들도 제 사는 곳으로 떠난 연휴의 마지막 날 오래된 친구들을 불러냈습니다. 직수굿한 친구들은 추석 뒤풀이로 산행이나 하자는 내 말을 흔쾌히 따라 주었어요. 옛날 구서동에 살 때 이후 처음이니 참으로 오랜만입니다. 이런저런 핑계로 그동안 내내 벼르기만 하던 산행이지요. 신발장 안에 십 년쯤 전에 선물로 받은 등산화가 흙이 묻은 듯 만 듯 아직 그대로 있어 다행입니다. 발을 넣으니 오른쪽 새끼발가락이 스쳐 닿는 듯도 했으나 산을 다 내려올 때까지 따로 성가시게 하지는 않았어요.

그새 두어 번 이사를 하였지만 구서동에는 나를 포함 여학교 동창이 넷 있습니다. 학교가 다른 도시에 있는 걸 생각하면 예사 인연은 아니지요. 엄마들처럼 또래의 아들딸들을 어질고 반듯하게 키워서 세상에 내보내고 이 나이꺼정 학교와 약국 등의 일터에서 부지런히 일하는, 이런 친구들이랑 금정산을 오르는 것은 긴 세월 동안 무탈하게 살아온 이 동네에 대한 예의이고 애정인가 여깁니다.

여자 셋이서, 금정산 끝물 푸름 속으로 산길치고는 제법 나붓한 길을 따라 산행의 별달리 정한 목표도 없으니 아무 서두름 없이 느적거리며 걷습니다. 한 친구는 이 나이에 무슨 시험공부를 한다며 너희끼리 다녀오라는군요. 어느 글에서 읽었던 덜꿩나무를 산 중간쯤에서 보았어요. 이름도 친밀하거니와 꽃도 향기도 은은하다고 적혀있었는데 가늘고 마른 가지에 건들건들 달린 이름표를 보고서야 덜꿩나무구나 했을 따름입니다. 그 글에서와 같이 덜꿩나무를 느끼려면 아무래도 내년 오월에 이 산을 한 번 더 와야겠군요. 덜꿩나무의 이름표를 보고 있자니 처음으로 이름표를 달던 날이 떠오릅니다. 초등학교 입학하던 날 학교에서 받아온 흰 종이로 만들어진 이름표를 건네었지요.

"니 이름이구나. 이름이 구겨지면 안 된다."

하얀 무명 손수건을 반듯하게 접은 콧물받이 위에다 바늘과 실로 종이 이름표를 꿰매어 붙이고는 내 왼쪽 가슴팍에 달아주었어요. 지금도 무심코 왼쪽 가슴팍에 손이 가는군요. 그러고 보면 이름이 구겨지는지를 사유해 봄직한 삽시의 여유도 사치인 듯 그저 사는 일로 바쁜 세월을 보내고 말았어요. 건들건들 이름표라도 달려 있어야만 나임을 알게 하는 저명하지 못한 삶이 저 잎 지고 마른 덜꿩나무와 닮았습니다.

내친김에 산 정상까지 가기로 했습니다. 고당봉으로 오르는 가파른 바윗길에는 손잡을 곳을 적당하게 나누어 매듭을 엮은 밧줄이 걸쳐져 있었어요. 산사람들이 코웃음을 흘릴 일입니다만 세상에! 내가 밧줄을 타고 금정산 정상에 올랐군요. 비록

하산은 허정허정하였지만 이만하면 엔간한 산행에 동행해도 될 듯합니다. 초행의 피로와 남은 수다를 마저 풀 겸 산 아래 카페에 자리를 잡았어요.

며느리로 산 지 삼십 년이 넘어도 명절 이야기는 애오라지 푸념으로 시작하는군요. 그러나 우리 모두 머잖은 날 그 푸념의 대상이 될 거라는 희붐한 두려움도 함께 나누었습니다. 한 친구가 아들이 준 추석 선물을 자랑합니다. 어느새 아들의 선물 자랑할 나이가 되어버렸군요.

혹시 새우깡을 기억하고 있는가요. 여학교 때 처음 새우깡이라는 과자가 나왔어요. 얼마나 맛이 좋던지 새우깡 두 봉지를 소포로 집에 부쳤지요. 달포쯤 후 시골집에 다니러 간 나에게 그 새우깡 한 봉지를 내밀며 하나는 맛나게 먹었다고 말하더군요. 가끔은 그때 새우깡 한 봉지를 참말로 맛나게 먹었는지 기어이 한 봉지를 남긴 진짜 이유는 무엇이었는지 궁금하기도 했지만, 그보다 그 새우깡이 이생에서 내가 했던 마지막 선물이었다는 사실만이 세월 갈수록 가슴 아립니다.

초저녁부터 든 잠에서 깨어 뒤척입니다. 참 보고 싶군요. 천지간에 모녀의 인연으로 잠시 살았던 것이 이렇게 평생을 그리워하는 것으로 그만인 것지요. 이런 글도 무렴無廉하기가 이를 데 없다는 것을 알아 하냥 고개만 떨굽니다.

여수에 젖다

 여수에 와서야 전에 여수에 와본 적이 있다는 걸 알았다. 무연히 푸른 바다를 보면서, 오동도의 동백나무 꽃진 길을 걸으면서…. 시간의 틈서리로 비집고 들어온 기억, 바다를 돌아 우뚝 내 앞에 선 기억, 세월의 풍랑에 해져 살대만 남은 기억, 이생 아니라 저 생까지 단단히 홀맺을 인연, 족히 한나절을 아른거리는 이름 앞에서 얼쑹얼쑹 뒤척이는 마음을 추스르고 얼렀다. 여수麗水에 와서 여수旅愁에 젖는다.
 그때의 나는 스물을 반이나 넘었고, 그때의 그는 청춘의 긴 방황을 끝내고 제때 나이를 지난 대학생이었다. 그 방황의 끝을 기념함인지 다잡은 그의 인생을 응원함인지 한겨울의 한날에 둘이 떠났던 여행, 오래 시외버스를 타고 도착한 곳이 여기 여수였다. 조용하고 아담한 도시였다. 둘러보아 지금의 풍경과는 사뭇 달랐다. 오동도로 가는 방파제는 길어서 외로웠고 동백꽃은 붉어서 처연했다. 쌔고 쌘 도시 중에서 왜 하필 여수였는지. 떠올려지지 않는 이유가 혹여 동백꽃 때문은 아니었을까 가량한다.

예나 지금이나 나는 철들지 않는 막내 고모이고 그는 너무 일찍 철이 들어 겉늙어버린 장조카이다. 우리는 한 집에서 태어나 여름이면 도랑에서 멱을 감으며 함께 자랐다. 그에게는 아버지이고 나에게는 오라버니인 한 사람이 주는 돈으로 같은 도시에서 공부했고, 동시대의 비바람에 젖어 흔들리고 부대끼며 성장했다. 나는 바로 위의 언니와 다섯 살, 그는 바로 아래 여동생과 네 살 터울이지만 고모와 조카인 우리는 그보다 더 적은 세 살 나이 차이이다. 그러함에도 우리에게는 두 세대 간의 본령과도 같은 엄연한 경계가 날 때부터 그어져, 매사 그 경계를 디디고서야 서로를 보아왔다. 짠한 시선이나 우려의 말들이 그 경계 앞에서는 두 손을 모으고 단정해졌다.

막내인 나는 별달리 진 짐 없이 가족이라는 동력으로 제 한 마음 추슬러 바로서기만 하면 되었지만, 그는 장손으로서의 은근하고 무직한 무형의 짐을 날 때부터 져야 했다. 누구도 쉬이 가늠하지 못했을 그 짐의 무게, 그 무게 때문에 어린 나이에 도시로 나가서 외로운 유학을 해야 했고, 그 짐이 버거워 청춘의 혹독한 방황을 했는지도 모른다. 일찍이 삼촌들과 동행하여 선산을 둘러봐야 했고, 어른이 되어서는 처가가 어색한 고모부들의 말대접은 물론 하수를 상대로 맞수 장기까지 두어야 했다. 고부간인 내 엄마와 제 엄마 사이의 역사를 지켜보았을 것이며, 아무리 해도 마땅히 시누올케 사이인 내 언니들과 제 엄마와의 미묘함을 헤아려야 하는 마음은 매번 물먹은 솜 같았으리라. 민망하기는 내 아이에게 제 아이의 기저귀까지 쓰게 했다.

바닥에 흩어진 꽃잎은 더 붉어 농적색이다. 동백은 벙글어 탱탱한 꽃보다 진 꽃이 더 붉다는 것을 알았다. 핏빛 차마 지우지 못하고 낙화로 오랫동안 저 혼자 붉어야만 했던 동백꽃 한 잎을 한참 동안 바라본다. 붉스레진 눈 안으로 고등학생이었던 그가 걸어온다. 동백꽃 같은 그리움으로 그를 부른다. 꽃 진 애잔함으로 그를 맞는다.

어릴 때의 사고로 한쪽 눈을 다쳤던 그는 색깔 있는 안경을 쓰고 다녔다. 지금이야 그러려니 하겠지만 그 시절에는 주목받았다. 그렇게 사춘기를 견뎌내었다. 학교 선배들이 건방지다며 안경을 벗으라 했단다. 흠씬 두들겨 맞으면서도 끝내 안경은 벗지 않았노라고. 그때 들었던 그 말을, 제 엄마에게는 당연하거니와 누구에게도 하지 못했을 아픈 그 말을, 사십 년이 되도록 갚을 길 없는 부채처럼 내 가슴에 저며 있던 그 말을 바다에 던졌다. 너무 오래되어 들러붙은 더께 같은 그 말을 오동도 방파제를 다 건너오기까지 박박 긁어 여수 바다 멀리 내던졌다. 이생의 무거운 빚 하나를 홀로 벗었다. 그리고 나는 그와 다녀갔던 동백꽃의 도시를 사랑하기 시작했다. 시인처럼.

    이 도시를 사랑할 수밖에 없음을 깨닫는다
    네 얼굴을 닮아버린 해안은
    세계를 통틀어 여기뿐이므로
                  - 서효인의 시 〈여수〉에서

언제부터였는지 그는 나에게 고향이 되었다.

오십을 기다리다

괜하게 아쉬운 그런 날이 있다. 오늘이 그런 날이다. 가는 시월을 마저 보낼 수는 없어 해거름에 한동네 친구를 불러냈다. 둘은 집 근처에 있어 그리 낯설지 않은 작은 카페에 들어섰다. 창가에 아직도 남아있는 금정산 산그림자가 유달리 길다.
 저문다는 말은 나를 순서 없이 서두르게 한다. 서두른다고 금방 무어 되는 것도 아니면서 가슴 안쪽에서 쿵 하고 세게 떨어지는 소리를 낸다. 아쉬움이다. 그걸 감추려고 유행가 가사처럼 시월 마지막 날을 핑계 삼아 친구를 불러냈는지 모를 일이다. 마주 앉은 친구의 얼굴이 새삼 눈 안으로 깊숙이 들어온다. 친구의 얼굴 위로 내 얼굴이 겹쳐 보인다. 나이가 제 그림자를 만들고 있다. 지금쯤 고향의 너른 들녘에는 가을걷이가 남아있을 것이다. 우리에게도 해야 할 일이 가을걷이처럼 무겁고 산그림자처럼 길다.

 한 해 열두 달을 돌아보아 아쉽지 않은 달이 있을까마는 그래도 시월은 좀 더 아쉬운 달이다. 하늘이 얼마나 맑고 그윽한가. 사과 알은 좀 굵고 붉은가. 들꽃들의 두런거림은 자분자분 야무지고 열 손가락 끝의 봉숭아 꽃물은 한창으로 예쁠 달이다. 이른 봄에 움 틔운 잎새들은 여름내 가을 올 줄 모르고 푸르기만 하더니 그제야 철들기 시작한다. 철이 든다는 것은 흐뭇하나 한편 애잔하다. 그리하여 가을 단풍은 숨이라도 가쁜 듯 아름다운 것이리라. 이제 막 철들어 애잔한 이것들이 미처 갈 곳도 정하지 못한 채 서둘러 시월을 떠난다면 이 낙엽들을 다 어이할까. 바람조차 아무 인정 없는 십일월의 거리를 방황하도록 내버려 두어야 하는가.

 시월과 연이었어도 사뭇 다른 십일월이다. 절기로는 입동이 들어 있으니 겨울의 시작이다. 차라리 십이월은 춥기라도 할 테지. 사이에 끼인 십일월은 어정쩡하니 애매모호한 얼굴이다. '11'이라는 숫자는 생긴 것조차도 밋밋하고 뻘쭘하다. 하다만 공사장에 을씨년스럽게 박혀있는 말뚝 꼴이다. 십일월은 함부로 모양내는 달이 아니다. 행여나 차림새 얄시리 멋을 부렸다가는 물기 없이 까칠한 갈바람에 마음을 다칠 터이고, 두툼하니 철 이른 코트라도 꺼내 입는다면 그새 수척해진 겨울 햇발의 눈 밖에나 날 일이다. 십일월을 들먹이면 그럴수록 시월은 아쉽다.

나는 오랫동안 이를 데 없는 막연함으로 오십의 나이를 기다렸다. 오십을 향한 막연함은 그리움과 위로의 동의어였다. 뜨스했던 유년을 향한 그리움, 혼몽의 오늘에 대한 위로…. 스물 나이였을까. 불 안 땐 방에 등을 대고 누운 것처럼 오스스하고 쓸쓸했다. 그때 오십의 나이를 떠올렸다. 뜬금없는 연상이었다. 등을 다독거려 선잠을 재우던 엄마의 손바닥 온기가 혈관을 타고 번지며 온몸을 데웠다. 까닭 없는 고요가 마음 한복판에 자리를 잡았다. 못내 그리움이었고 대체 불가의 위로였다. 사는 일에 분주했던 서른에도 내 가슴팍에서 키득거리는 아이들의 웃음 사이사이로 오십이 손짓했다. 마흔에는 하릴없이 먼 데를 바라보는 날이 잦았다. 애써 귀 기울이지 않아도 시시로 마흔의 수런거림이 들려왔다. 아득했으나…, 오십을 기다리는 것으로 다만 잠잠할 수 있는 이유가 되었다.

기다리는 오십은 가을 들녘처럼 넉넉할 것이다. 지나가는 길손이 볏단 얼마를 집어 간들 빈 표시도 없다. 무슨 동요 없이도 팍팍했던 지난날들을 떠올리고 가슴 한편에 짱돌 얹어 눌러둔 듯 서운한 무릇 것들은 화롯재의 불씨처럼 사그라지겠지. 그제쯤이면 수고했다 어깨를 토닥이는 온정으로 편안해지겠다. 긴 날 동안 나를 옭아매던 지독한 낯가림도 제풀에 떨어져 나가고, 주저주저 손 내밀지 못했던 인연도 머뭇머뭇 입 안에서 묵음이 되어버린 고백도 오십이면 음영으로 남아 고요해지리라. 그뿐 만인가. 고이지 못한 언어가 그리운 날에는 훌쩍 낯선 곳으로 길 떠나는 객기까지 생겨 줄 것이다. 무엇 좀 밉상인들 어떠리. 오십인데. 마침내 나의 오십은 바구니 가득 주홍빛 단감처럼 온온한 시월만 같으리니.

다디단 카페모카를 마시지만 둘의 대화가 커피처럼 달콤한 것은 아니었다. 온기를 더해가던 대화가 그만 서느러니 식어간다. 관망도 조망도 불가한 인연, 매듭으로 꽉 조여 옴짝달싹 못하도록 싸매 둔 지금 뭇속이 조금 풀리는가 하더니 다시 옅은 한숨으로 길게 고를 만들어 매듭짓는다. 이러자고 만난 것은 아니건만 아쉬움을 발목에 매달고 돌아가는 발걸음이 무겁다. 시월이 되지 못한 나의 오십. 저문 밤거리 위로 속절없이 떨어지는 단풍잎이 맥없다.

약간의 거리

 유년이었다. 흰 머릿수건을 쓴 엄마를 따라 모도록 나있는 어린 배추며 상추며 고추를 솎던 일이 우련하다. 낫낫한 것들이 내 손에 아무 저항 없이 싹 뽑혀 나왔다. 어느 순 하나 나무랄 데 없이 옹글었건만 매정하게 솎아내야만 하는 일이 어린 마음에도 미안했을 것이다.

 엄마는 눈에 띄게 성글어진 채마밭을 보고서야 마음이 놓인 듯 머릿수건을 벗었다. 이제 배추며 상추며 고추는 잘 자라서 제 소용을 다할 것이다. 그들 사이에 약간의 거리를 두었기 때문이다.

 숲은 간벌하여야만 한다. 나무에도 약간의 거리가 필요하다. 문실문실 커가는 가지들이 훅 숨을 내뿜을 만한 거리, 걸릴 것 없이 쭉 뿌리를 뻗을 너비, 햇볕이 오래 앉았다가는 자리,

풍채 좋은 바람이 휘저으며 다니는 길, 지나가는 바람에 잎이라도 흔들어 볼 공간.

사람과 사람이 그렇다. 절대로 멀어지지 않을 약간의 거리를 두어야 한다. 가까이 이물 없는 사이일수록 더욱더 그러하다. 바싹 붙어 부대끼면 생채기가 생긴다. 깊이 뒤얽힐수록 덧나기가 십상이다. 사연이 쌓일수록 그 무게에 짓눌러 헤어날 길을 잃는다. 한올지다는 고운 말이 흠날까 염려된다. 약간의 거리가 얼마나 엄청난 의미인지는 살다 보면 알 것이다.

옷매무새를 고치고 엷은 화장으로 마주하는 거리, 너무 지나치지 않는 배려의 흐뭇한 언어, 설핏 궂었던 감정들이 소멸하는 틈, 순한 궁금증이 밀려드는 여지, 달려드는 애틋함이 찰랑이는 공간 그 약간의 거리.

"눈이 예쁜 걸 보니 성형수술이 잘된 것 같네요."

오랜 지기랄 수도 있는 그녀의 말이다. 어어? 나는 뜨악한 기분을 감출 수가 없다. 혹여 서로 풋낯일지언정 눈이 참 예쁘네요. 대개의 사람은 그냥 그리 말하지 않는가. 자주는 아니나 그래도 적년누월을 함께 보아온 사이임에랴.

"내 눈은 원본 그대로예요."

제법 보짱 배인 어투의 말을 던졌어도 그 말본새로 미루어 보아 곧이듣지도 않았으리라. 이 눈으로 말할 것 같으면 그나마 얼굴 똑바로 들고 사는 소심한 자존이거늘 이 무슨 근본 없는 훼방인가. 그녀와의 사이에 약간의 거리가 절실함을 느낀 순간이다. 가깝든 멀든 인간관계에서 약간의 거리는 더 줄일 수 없는 최소한의 예의이다.

전잎을 다듬다

 아무려면 종아리가 매끄러운 나이는 지났다. 그렇다고 누군지 못 알아볼 정도는 아닐 터이건만 병원 엘리베이터에서 만난 그 교수님은 도무지 나를 모르겠다고 한다. 연세 탓일 거라며 무안한 마음을 애써 다독일 수만도 없는 것이 내가 이름을 말하자 퇴임 논문집에 내 글이 실린 것까지 정확하게 기억하고 먼저 말을 꺼냈기 때문이다. 그러면서도 너의 얼굴은 도저히 모르겠어. 그런 표정 그대로다. 오래 소식을 끊은 제자가 괘씸해서인가. 자발없는 생각을 밑창으로 얼른 쑤셔 넣었다. 70년대 그 시절에 미국 유학을 한 교수님이다. 국립대학병원장을 지낸 남편이 그 요양병원에서 봉사하며 자신은 남편의 드라이버라고 근황까지 알려 준다. 염색하지 않은 흰머리 빼고는 그간의 공백이 느껴지지 않는다. 짚어보건대 여든이 다 되었으니 나와는 달리 여여하긴 하다.

　물물이 늙는다고들 말한다. 나는 적년누월을 십 년씩 한 묶음으로 물물이 늙는 모양이다. 쉰의 나이까지는 어쩜 그리 변함이 없느냐는 하얀 거짓말을 곧이듣고는 속없이 해해거릴 수도 있었건만 예순 고개를 넘자마자 이런 사태가 나니 말이다. 누군가 가령 加齡에 대하여 푸짐한 긍정과 위로의 말을 건넨다 해도 그냥 노화일 뿐이다. 에누리 없이 냉정한 말이다. 희끗한 머리를 연륜이라 여기며 뒷짐 지던 때는 뒷모습조차 사라졌다. 안티에이징antiaging이란 말은 그래서 만들어졌을 것이다.

　내게 들러붙은 노화의 조짐을 진즉에 눈치챘다. 축 처진 눈두덩은 영롱했던 쌍꺼풀을 눈치 없이 가리고, 날카롭던 턱선은 간단 말도 없이 야반도주한 지 이미 오래인데 손사래를 치며 모로 고개만 돌리고 있었을 뿐이다. 모로 돌려버린 오감들이 애먼 남편의 뒤통수에 꽂힌다. 야금야금 내 머리숱이 줄어 이윽고 가르마가 넓고 허예지니 외려 숱 없는 남편까지 눈에 났다. 거들을 입어도 물컹 잡히는 옆구리살 때문에 원피스 입기를 포기한 날, 이 남자의 헐렁한 양복 차림이 그날따라 못마땅해서 주차장에 먼저 가버렸다. 현관에 벗어 둔 후줄근한 구두가 눈에 밟혔던 날은 무어 살가운 말이라도 해 줄 참이었지만, 함부로 어지럽혀진 나의 공간을 보자 그만 심사가 뒤틀리고 만다. 이럴 때는 그렇다. 방문을 걸어 잠그고 잘생긴 송중기를 보는 게 평화를 위한 상책이다. 혹 모를 일은 귀에다 말뚝을

꽂는 대신 서재로 피해 버린 남편이 티브이를 켜서 〈굿 와이프〉를 보고 있을지도. 그는 자주 말한다. 악처의 반열에 나를 올려 크산티페, 콘스탄체, 소피아 등과 어깨를 겨루어야 한다고. 그 말인즉슨 소크라테스, 모차르트, 톨스토이와 자신을 겨뤄본다는 무모하고 발칙한 착각인 걸 그는 모른다.

전잎 다듬는 정경을 떠올렸다. 텃밭에서 뽑아온 남새는 일찍 싹나고 자라 먼저 시들어버렸거나 벌레들이 해코지한 이파리들을 떼어내어야 한다. 전잎을 다듬는 것이다. 전잎 다듬어 대소쿠리에 담긴 남새는 막 세수 끝낸 얼굴이다. 참빗으로 머릿결을 고르고 난벌로 갈아입은 자태이다. 댓돌에 놓인 하얀 고무신이다. 옛날 어머니들은 남새를 다듬듯이 고단한 인생살이에도 전잎을 다듬고 싶었을까. 거역할 수 없는 생의 날들에 전잎을 다듬으며 마음 수선스러움을 다독였을까.

가지 않은 길이 궁금해지는 뜬금없는 순간이 있다. 지난날의 선택이 모호해지는 한순간. 바동거렸던 인생이 허망해지는 한날. 빗질 자국 정갈한 마당에 감잎 툭툭 떨어지듯 엇갈린 인연이 아쉬워지는 그런 날. 이런 날에는 햇살 화사한 창가에 편히 앉아 짠한 내 인생에 전잎을 다듬어 볼 일이다. 전조 없는 이별, 내 몸에 맞지 않는 인연, 웃자라 버린 미움, 누구인가 알아보지도 못할 만큼 나이 들어버린 얼굴…. 오도맣게 돌아앉아 전잎 다듬을 일이다.

"목련 닮은 선생님, 소식 한번 주세요. 맛난 커피 대접하고 싶어요."

 목련이 피기 시작하는 봄날에 지인이 보낸 글이다. 나는 누추한 전잎 같은 내 모습에 화들짝 무슨 잘못이라도 지은 양이다.

 "예전에 시든 목련, 전잎이라도 좀 다듬어서 뵈어요."

 다시 목련은 피고 지고, 유행가 가락이라도 흥얼거리고 싶은 봄밤이다.

   꽃잎 흩날리던 늦봄의 밤
   애달피 지는 저 꽃잎처럼
   속절없는 늦봄의 밤
   꽃 지네 꽃이 지네
   부는 바람에 꽃 지네

수비토의 언어

 생을 위하여 저마다 맞춤처럼 직조한 악보를 가진다면 거기에다 친절한 지휘자까지 동행한다면, 문밖의 바람처럼 쓸쓸할 일도 늦가을 마른 낙엽처럼 머뭇거릴 일도 잘못 탄 기차처럼 아득할 일도 없으리라.

 성가 연습이 한창이었다. 지휘자는 그만한 것도 없이 조용하게 누구에게라 할 것도 없이 막연하게 말을 잇는다.

 수비토(subito)는 갑자기란 뜻으로 수비토 포르테(forte), 수비토 피아노(piano) 등이 있어요.

 나는 화들짝 상황을 파악하고는 종이컵을 들어 커피 한 모금을 마시며 분별과 민망함의 마른 입술을 축였다. 열 가지 음을 다 가려듣는 지휘자가 나를 이르는구나!

 대체로 헤아려 보아 관계가 좋다는 것은 의사소통이 잘 된다는 것이다. 의사소통의 기본적인 도구는 언어이다. 그러므로 관계는 언어로부터 시작하여 언어로 끝을 맺는 일이다. 지휘자와 성가대와 나, 더하여서 교회와의 관계를 이어가는 언어는 결국 선정한 악보에 맞게, 지시하는 악상을 따라 잘 연주한 노래이다. 혹 매러비안의 법칙을 참고하자면, 의사소통에는 전하고자 하는 내용 즉 언어적 요소보다 비언어적 요소가 차지하는 부분이 월등하다. 그중에 으뜸이 목소리라 하니 역설적으로 성가곡의 가사가 전달하는 언어보다 성가대의 목소리로 전하는 언어가 우위임은 이미 당연한 사실이다. 누구이든 목소리 결을 염두에 두어 챙길 이유이기도 하다.

언어가 겉돌면 몸도 마음도 멀찍해진다. 언어에는 언어를 품은 사람의 온기가 있기 때문이다. 어떤 언어가 저만큼 나앉은 관계의 거리를 당겨줄까. 한낮의 눈부심을 다독이고 색 바랜 추억을 본디의 색으로 복원할까. 꺼끌한 베옷 같은 마음을 잿물에 삶아낸 듯 연하게 풀어 줄까. 오래 고르지 않고 얼른 입어도 잘 맞는 겉옷처럼, 발의 존재조차 잊은 듯 편안한 신발처럼 그런 언어는 없을까. 생의 위태한 한순간을 신묘하게 돋우고 정물처럼 재우는 수비토의 언어가 있긴 할까.

사시사철 브릴란테(brillante)…, 구족하여 눈이 부시게 찬란한 그를 방문한 날이다. 하늘 가까이 너른 정원이 만화방창이다. 그의 목을 두른 명품 로고 머플러의 꽃도 만개했다. 현관에 들어서자 한쪽 구석의 구겨진 구두에 내 시선이 언뜻 머문다.

나는 딱 한 켤레 있는 저 브랜드의 구두를 고이 모셔 둔다. 차를 따르는 그의 손목이 휘황하다. 어버이날에 딸이 선물했다는 팔찌는 이름이 낯설어서 읊지도 못하겠네. 그는 만날 때마다 한복 치마폭처럼 넉넉한 애정과 들꽃잎 같은 섬세함으로 나의 안부를 살핀다. 그것은 단연코 그의 온 마음이며 명백한 공감화법이다.

나는 틈틈이 카프리치오소(capriccioso)…, 난데없이 북적이고 쓸데없이 정직한 것까지도 자주 탈을 낸다.

"허구한 날 돋보기 걸치고 컴퓨터 앞에 앉아 남의 글 틀린 글자 잡아내거나 글 한 편을 쓰느라 탈모의 위협을 무릅쓰고 있어요."

내 말이 끝난 뒤의 짧은 적막을 나만 느꼈던 것일까. 그의 말이 마르카토(marcato)…, 한 자 한 자 또박또박 들렸다.

"얼 마 받 노?"

도대체 나는 지금 어떤 언어로 대답이라는 걸 하고 있나. 내 입술 언어의 향방도 모른 채 내 머릿속 언어는 이미 페이드아웃(fade out)…, 차츰 미력해지더니 어느 순간 깜빡 스러졌다. 다시 얼마간의 침묵, 그것은 온전한 나만의 침묵. 그러고는 이내 알아차린다. 제아무리 요란스럽던 생의 회오리도 지난 후에 돌아보면 다 허상이 되는 것을. 허상을 오래 붙드는 것은 누추한 일이다. 바람벽에 부딪는 수비토의 회오리를 온몸으로 견뎌본 사람들은 그걸 안다. 지워도 남은 흔적일랑은 혼자 가만히 묻을 일이다.

 이윽고 관계는 다시 아 템포(a tempo)…, 내 안에 숨어있을 정연한 이성을 불러내리라. 등이 곧은 자세로 고쳐 앉고 평범의 낯빛과 보통의 박동을 도로 찾아서 원래의 언어로 돌아가리라. 헤싱헤싱 성긴 올 사이사이에 꽃동산 같은 이야기를 채우리라. 정녕 아무 일 없었던 듯.

 오래전 그때 나의 언어가 수비토 포르테…, 선연하게 미욱한 그대로 더 솔직하게 좀 더 아찔하였다면 이은 인연이 되었을까. 만고에 한갓되다.

 아무렴 그날 그 순간의 내 언어가 수비토 피아노…, 딱 한 발만 뒷걸음을 디뎠거나 맨 처음처럼 잠잠하였거나 그보다도 오래 아껴둔 자비를 베풀었다면 지금의 날들이 덜 건조할까.

 놓친 수비토 그 절묘한 순간의 언어가 묘묘해지는 계절, 시나브로 장미가 시든다.

쑥을 캔다는 것

　봉사활동으로 한 주일에 한 번씩 만나는 교우 몇몇과 쑥을 캐던 날이다. 자동차로 얼마를 간 곳은 산이 낮고 들이 너른 한가운데로 개울이 나 있다. 개울을 낀 버덩에는 무더기무더기 쑥이 우북하다. 쑥 캐는 일을 노동이랄 수는 없으니 알땀 걱정이야 안 하겠지만 한낮을 비껴간 햇볕 아래서는 쑥 캐기가 좀 낫다. 이미 습득되어 딱 배인 자세와 익숙한 저마다의 손놀림으로 캔 쑥이 어느새 수북하다. 이런 날 수북한 것은 쑥만이 아니다. 따로 담아둘 이유가 없으니 소드래 거리도 되지 못할 그저 구뜰한 된장찌개 같은, 자분자분 어진 수다가 함께 수북해져 간다. 여럿간의 친밀이 별안간 수북해진다.
　가물가물 희밋하던 유년의 기억이다. 늦봄이라 할지 초여름이랄지 쑥이 한껏 웃자라서 캐는 게 아니라 뜯어야 할 즈음이다. 뜯은 쑥을 바싹 말려두었다가 설 명절에 쑥떡을 만든다. 가마솥에다 말린 쑥을 삶으면 불어난 양도 냄새도 엄청났다. 빻은 쌀가루를 섞어 시루에 쪄낸다. 꼼꼼하게 시룻번을 둘러 붙이는 광경이 선하다. 쪄내서는 도구통에 넣어 물을 묻혀 돌려가며 차지게 떡방아를 찧는다. 미처 다 씻지 못해 떡 찌꺼기가 붙어있던, 통나무로 깎은 절굿공이는 다 어디로 갔는지. 대청마루에 꺼내 놓은 크고 널따란 나무 안반 위에서 쑥떡을 빚는다. 고소한 콩고물을 흩어가며 손으로 빚는 둥글둥글 넓적넓적 촌티 났던 쑥떡이다. 어서 먹고 싶어 대강 주물럭거려 콩고물 듬뿍 묻힌 쑥떡의 온기가 입안에서 그대로인 듯하다.

그 소용의 쑥 캐는 것을 보쑥이라 불렀다. 여기저기 찾아봐도 그 말의 정확한 쓰임과 명칭을 알 수 없으니 보따리로 싸서 머리에 이고 올만큼 캐는 쑥이라 그리 불렸던 거라 여기기로 한다. 보쑥을 캐는 날에는 마을과 멀리 떨어진 들이나 밭으로 나갔다. 산길을 걸어 이웃 동네로 원정 가기도 한다. 해가 뉘엿해서야 꾹꾹 눌러 싼 한 보따리의 쑥 짐을 머리에 이고 집으로 오는 것이다.

언니들을 따라나섰던 한날이다. 그날도 햇살이 좋았다. 쑥 캐는 그들은 행복해 보였다. 이야기가 동나면 노래를 불렀다. 쑥 캐다가 이야기하다가 노래 부르다가 까르르 웃다가 아무 거칠 것이 없어 보였다. 그러는 사이 쑥이 모이고 쌓였다. 나는 쑥보다는 할미꽃을 찾아다녔다. 할미꽃은 무덤가에 많았다.

그날의 풍경은 집에 돌아와 덕석에 쏟아 펴는 쑥 더미에서 축 늘어진 할미꽃을 골라내는 언니의 지청구조차도 그립다.

시누이의 시골 시집에 산초기름도 얻을 겸 봄나들이를 갔던 날이다. 남쪽 산자락 양지에는 이른 쑥이 자라고 있었다. 함께 간 시누이들과 시누이의 시어머니와 쑥을 캤다. 그 어른은 목소리보다 얼굴이 먼저 웃고 더 오래 웃었다. "은서 어마이." 하며 며느리의 친정 올케인 내 손을 꽉 잡았다. 나는 나의 시어머니가 내 손을 잡아준 기억이 있는지를 더듬는다. 그제쯤이면 꽃 시샘이 사라진 봄볕이 엎드려 쑥을 캐는 모든 여인네의 살아낸 나이만큼이나 넓어진 등을 인정스럽게 데웠다. 얼굴을 마주하지 않고도 할 수 있는 그렇고 그런 사람 사는 이야기에다 목소리만으로 서로 장단을 맞춰가며 쑥 캐는 손놀림과 엇박자의 웃음소리는 마냥 평화로웠다. 고개를 들면 아지랑이가 눈앞에서 아롱거렸다. 둘러보면 모두가 애써 예를 갖추어야만 할 관계들, 한때는 겨울 한데 같았던 관계들이다. 이만큼 등이 넓어질 나이가 되니 시집의 의미도 이렇게 오래 낯익은 쑥과도 같아지는가. 쑥을 캐다가 깨달은 고마운 안도였다.

함께 쑥을 캔다는 것은 서로의 경계를 없애는 일이다. 담을 허무는 일이다. 어떠한 방벽도 없는 무방비의 장소에서 무저항의 속수무책인 몸짓으로 맞닥뜨리는 일이다. 무장해제의 순간이다. 꾸밈없는 맨얼굴로 대하는 일이다. 거짓 없는 음성으로 만나는 일이다. 순한 손놀림으로 마주하는 일이다. 봄은 동

사라고 말한 시인이 있다. 쑥을 캔다는 것은 형용이 불가한 형용사이다.

　손 가득 부피감이 넉넉한 쑥을 씻어 건진다. 이 늡늡한 것들은 다시 또 착하디착하게 제 몸을 바꾸어 가리라. 쑥설기 쑥절편과 쑥송편 그것 만이랴. 쑥전과 쑥차까지. 도다리든 굴이든 선뜻 앞 이름을 내어준 쑥국으로. 한자漢字로 개명한 애탕국으로. 어느 것 하나 나무랄 데 없는 기특한 변신이다.

풍금이 있던 자리

 끝별이 본명이라는 시인은 먼 추운 나라의 오래된 이야기를 들려주었다. 너무 외로워서 얼굴에 깊은 눈물 계곡이 파인 사냥꾼과 물개 가죽을 잃고 물속 나라로 돌아가지 못한 물개 여인과 물개 여인이 낳은 오룩의 이야기이다.
 물개 여인은 사라진 물개 가죽과 물속 나라를 잊지 못한다. 한밤중 잠결에 오룩오룩 부르는 소리를 듣고 밖으로 나간 오룩은 발에 차이는 물개 가죽에 걸려 넘어진다. 오룩은 그것이 엄마의 것인 줄 금방 알아차린다. 물개 가죽을 건네받은 물개 여인은 어린 오룩의 입에 숨을 불어넣어 주고는 물속 나라로 떠난다.
 나는 늘 너와 함께 있을 것이다. 부지깽이나 칼처럼 내 손이 닿았던 것을 만지면 너는 노래를 부를 수 있을 거야. 네가 노래를 부를 수 있게 바람이 네 허파 속으로 스며들 거야.

거기까지, 시인의 이야기를 들은 나는 깨닫는다. 아! 얼굴에 눈물 계곡이 파일만큼 외로웠거나, 물개 가죽을 건넬 만한 사랑을 앓았거나, 어린 아들보다 더 간절한 모어母語를 가졌거나, 허파 속으로 갑작스러운 바람이 영감처럼 스미어든, 그런 사람만이 한밤중에 깨어 시를 쓴다는 걸. 생의 한가운데를 비켜서서 긴 글을 적는다는 걸. 왜 나에게는 단 한 줄의 글쓰기가 이리 어려운가를. 돌아오는 길에서 신호 위반 딱지값으로 넉넉하게 수험료를 치렀다.

그날 시인은 자신의 저서 『패러디』를 들먹였다. 〈타는 목마름으로〉 김지하의 시가 외국 시의 베끼기였다는 것을 알고 패러디를 공부했다는 시인은, 패러디는 21세기의 중심 표현 방법이다. 표절은 베끼고 따오는 것을 독자들이 모르게 숨기는 것이고 패러디는 이를 드러내고 즐기는 것이다. 숨기면 표절이고 드러내어 즐기면 패러디이다. 그렇게 당당히 말했다. 표절에 엄혹한 글 세상에서 이렇듯 느긋하게 표절과 패러디를 가름으로 모든 위태한 표현의 가슴을 쓸어내려 주었다. 표절에 자유로운 표현이 그리 쉽겠는가 말이다.

그때 그 작가를 떠올린 것은 지극히 당연한 일이었다. 반짝반짝 별처럼 빛나던 작가는 별안간에 작품 『전설』의 한 표현이, 미시마 유키오의 『우국』을 표절했다 하여 뭇매를 맞고는 만신창이가 되어 사라졌다. 어디 뉴욕에 산다고도 하고.

작가를 처음 만난 곳은 소설 『풍금이 있던 자리』였다. 다 읽기도 전 단박에 작가를 흠모했다. 군데군데의 말없음표 안에 숨은 속말은 내가 무친 나물 같고 내가 끓인 된장국처럼 아렸다. 출발한 지 한참 지나 문득 차창 밖을 보면 여전히 그 자리 그대로의 조그마해진 엄마였다. 끝별 시인의 시 〈불선여정不宣餘情〉이었다. 쓸 말은 많으나 다 쓰지 못한, 다 오르지 못하고 남은 계단, 미처 다스리지 못한 파문, 봉인된 이후로도 노을을 노을이게 하는. 그리고 편지글 말미의 이만 총총이었다. 『풍금이 있던 자리』의 '나'는 함께 비행기를 타기로 한 '그'를 돌려보낸다. 은선이, 나물 같은 이름을 가진 '그'의 딸 때문이었을까. '나'는 은선이, 나물 같은 이름을 서너 번 부른다. 어디에 고여 있었는지 눈물이 오래 쏟아진다.

　『어디선가 나를 찾는 전화벨이 울리고』의 맨 마지막 장 마지막 문장의 끝줄은 '내가 그쪽으로 갈게.'이다. 오래전 그도 그리 말했다. 내가 그쪽으로 갈게. 나는 그러라고 하지 못했다. 어쩌면 마지막 들을 목소리였다. 오월 때문이다. 천지의 연푸름이 몹시도 눈부시었다. 입고 있던 잔 꽃무늬 원피스가 너무도 단정했다. 살강에 씻어 둔 정갈한 찻잔이 눈앞에서 자꾸만 아른거렸다.

　그 작가를 기다린다. 늦지 않은 어느 때에 부디 사면되기를. 오랜 잠금을 풀고 그만 나와 주기를. 『깊은 슬픔』의 은서와 『리진』의 여영에게, 『어디선가 전화벨이 울리고』의 정윤과 마루와 단 청춘들에게, 마지막에는 『풍금이 있던 자리』에 끝내 서 있을 '나'에게도. 그리하여 너르고 긴 불선여정과 이만 총총을 메우고 이어 주기를. 그때쯤이면 내가 그쪽으로 갈게. 그 목소리도 내 나이 들어 아련해지겠다.

금반지 두 개와 이만 원

 제21차 남북이산가족상봉이 한창이다. 그들 기막힌 상봉은 장면마다 내 눈물샘을 건드린다. 1985년 첫 상봉 이후 스무 번을 넘게 만났어도 상봉을 고대하는 남은 이산가족의 수가 엄청나다고 한다. 이산을 경험하지 못한 내가 무슨 말을 더 보탤까. 횟수를 더할수록 텔레비전으로 보는 그들 얼굴이 연로해져 마음 아프다는 그 말뿐.
 가까이에, 한 동네 건너의 일 같았던 남북이산가족상봉의 지인이 있었다. 2000년도였다. 근무했던 병원의 수간호사 유 선생이 텔레비전에 나온 것이다. 상봉한 아버지는 북한 국어학의 거장인 류렬 박사였다. 전쟁이 났을 때 네 살이던 그녀는 고모를 따라 아버지의 고향인 산청으로 내려오고 당시 대학 강사였던 아버지는 의용군이 되고 월북했다고 한다. 상봉 일정을 마치고 돌아가는 버스 안의 아버지를 올려다보며 흐느껴 울던 유 선생이 잊히지 않는다. 갓 태어난 증손녀에게 '여울'이라 이름을 지어준 것과 인사동의 고서점 '통문각' 주인이 전쟁 중에 전하지 못했다는 오래된 책 한 권을 건네주던 것을 기억한다. 류렬 박사는 딸을 만나고 사 년 뒤 2004년에 사망했다는 것을 이 글을 쓰다가 알게 되었다. 소설보다 더한 사연이 어디 그뿐이랴마는.

마침 M 방송국에서 이산에 대하여 특집방송을 하고 있다. 대전의 한 냉면집 주인의 이야기이다. 그는 전쟁 전에 평양의 이름난 냉면집 아들이었다. 평양고보 2학년이 되던 해에 시절이 수상하니 잠시 몸을 피하자 했는데 영영 이산가족이 되고 말았단다. 그가 집을 떠날 때 어머니는 급할 때 팔아서 배를 곯지 말라며 금반지 두 개를 손에 쥐여주었다. 아무리 어려워도 어머니의 금반지는 팔지 않으리라 했지만 결국은 팔면서 울었다고 한다. 금반지를 어머니께 돌려드리는 것이 평생의 소원이라며 글썽인다. 골 깊은 얼굴 주름 켜켜이 그리움과 한이 개켜져 있다.

얼추 사십 년이 되니 이제는 묵이가 될 법한 이야기이다. 언니가 세 살 네 살의 두 딸을 데리고 일본으로 떠나던 날이다. 형부는 일본 문부성 초청 국비유학으로 먼저 가 있었다. 출국을 앞두고, 언니는 시청의 담당 부서에서 해외 생활에 대한 소양 교육을 받았고 작은올케언니는 낯선 나라로 떠나는 시누이를 위해 이것저것 소용거리를 장만했으며 나는 조카들의 예방접종을 그 월령에 빠짐이 없도록 챙겼다. 공항에는 작은올케언니가 따라갔다. 낮번 근무였던 나는 그 전날 밤에 작별했다. 시누이를 배웅하고 온 작은올케언니가 돈 이만 원을 내밀었다. 언니가 환전하다 남긴 돈을 나에게 전해주라 했단다. 그때는 공항에서만 환전했던 모양이다. 돈을 건네받은 나는 콧속까지 먹먹했다. 해야 할 다음 말이 입안에 갇혀 못 나왔다.

언니는 처음부터 내게 돈을 남기려고 했던 것은 아니었을 것이다. 환전하다 말고 문득 뒤가 돌아보였을 것이다. 하나뿐인 제밑동생이 켕기었음이다. 혼자 두고 가는 것이 짠했음이다. 안날의 작별이 미흡했음이다. 급한 안부처럼 긴한 당부처럼 그렇게 이만 원을 전했을 것이다.

학업 때문에 떨어져 지내던 얼마간의 햇수를 빼고는, 여럿의 형제자매 중에서 유독 언니와 나는 지금까지 한 도시에서 지척 간으로 지낸다. 나는 언니한테 자주 깨살을 부리고 온갖 머즌일을 떠맡기며 산다. 싫증 난 것들을 줬다가 도로 뺏는 것쯤이야 항다반사이니 별스럽지도 않다. 그럴 때마다 언니는 조금 나무라고는 저 못된 것이 응당 저러하려니 그러고 만다. 자매로 태어나 모색毛色은 닮으면서 천품天稟은 어이 다른지.

그때 그 이만 원을 곱새기곤 한다. 언뜻언뜻하더니 나이 들수록 잦아진다. 이만 원의 실재를 생각한다. 그때의 이만 원이 시간을 달려 이천만 원이 되다가 공간을 넘어 이억 원이 되다가 더는 점증을 막지 못하고 셈을 할 수 없이 되어버렸다. 남과 북으로 이산의 한을 지닌 냉면집 주인은 어머니의 금반지 두 개를 돌려드리지 못하고 산다. 나는 지척의 언니에게 이억이 넘는 빚을 입 싹 닦고 그냥 산다. 그 빚 때문에 죽을 때에도 퍼뜩 눈을 감지 못할 것이다.

2부

은은한 것들의 습작
물미 해안에서 보낸 편지
세월
방관
미망
귀환
아, 떫감
거기에 네가 있었다
울적한 날에는 간절곶으로 간다

은은한 것들의 습작

 오래되어 사물거리는 것들이 가슴팍에 물든다. 물든 것들은 번져서 수채화가 된다. 꽃인지 나무인지 풀인지 향기인지. 동그라미만 남은 얼굴인지. 마냥 은은하기만 한 것들. 어느새 하무뭇해지는 통증. 그것들을 습작한다. 유년의 먹먹한 소란을 재운다.

- 탱자나무

 옛집 거기 탱자나무 울타리가 있었다. 버젓한 대문을 두고는 울타리 개구멍으로 앉은걸음을 했다. 속을 토해내고 바닥에 드러누운 다크 옐로의 탱자들. 코를 찌르는 신 냄새. 서슬 퍼런 탱자나무 가시. 그 가시로 고둥 살도 빼먹고 어쩌다 생채기가 곪아 고름집이 잡히면 고름도 땄다. 희고 작은 탱자나무 꽃이 길쭉한 가시 사이로 보일락 말락 했다. 떠나보낸 세월 틈에서 지금도 그렇다.

- 국화

늦가을 어느 저물녘, 멀리 푸르스름한 이내를 배경으로 하루 일을 끝낸 엄마가 흰 머릿수건을 벗어 탁탁 터는 실루엣. 엄마의 이름은 '국화'였다. 생전 별로 불린 적도 없이 면사무소 호적부에만 갇혀 있던 쓸쓸한 이름. 국화꽃 향기가 짙어지면 가을이 깊다. 엄마의 실루엣에 무서리가 내린다.

- 각시풀

소꼴을 베던 아재가 낫으로 각시풀 한 다발을 베다주었다. 다듬은 솔가지 끝에다 각시풀 다발을 묶으면 길고 푸른 긴 생머리 각시가 되었다. 양 갈래로 곱게 머리를 땋았다. 헝겊으로 꽃댕기도 달았다. 긴 속눈썹의 불란서 인형은 저리 가라였다.

- 골담초

전학 온 수임이는 일 년을 못 채우고는 도로 전학을 갔다.

대학 졸업 후 뜻밖으로 재회했다. 그녀는 우리 집에 놀러 온 날 먹었다는 골담초 개떡을 선명하게 기억해냈다. 그 골담초 나무의 행방을 물으니 장조카가 답하기를 두왕골 재왕이 아부지가 중풍을 고친다며 캐갔다 한다. 두왕골 재왕이 아부지 중풍이 나았느냐고 물으니 중풍은 못 고치고 죽었다고 한다. 애먼 골담초 나무만 베어지고 없다. 수채화 한 귀퉁이가 뜯겨나가고 없다.

- 복숭아벌레

해마다 그맘때면 끝물 복숭아 한 다라이가 장독간에 있었다. 복숭아 향훈으로 어질어질했다. 장독간을 드나들며 실컷 먹었다. 하필이면 맛나게 베어 문 자리에서 스멀스멀 복숭아벌레가 기어 나왔다. 기겁하여 한 입 벤 복숭아를 마당에 내던졌다. 복숭아벌레를 먹으면 예뻐진단다. 그래서 복숭아는 밤에 먹는 거란다. 예뻐진다고? 그 절박한 유혹에도 행여 밤에는 복숭아를 먹지 못했다. 그러니 내 얼굴은 요만큼이다.

- 치자

바싹 마른 치자 열매를 우려낸다. 등황색 치자 물이 어느새 양재기에 가득하다. 치자 물을 섞어 갠 반죽. 마당에 솥뚜껑을 걸고 장작불을 지핀다. 무명실 한 타래를 꼭 같은 길이로 잘라 묶어 만든 기름 솔로 뱅글뱅글 솥뚜껑에다 기름을 편다. 차르르 기름 우는 소리. 기름기 나웃한 호박전 고구마전 가지전 전구지전 납새미전 서대전 들이 넓적한 대소쿠리에 노랗게 쌓인다.

아파트 옆 길모퉁이에 치자꽃이 무더기로 피었다. 치자꽃 냄새는 매번 내 걸음을 멈춘다.

- 강냉이죽

한뎃솥에서 끓는 강냉이죽 냄새에 이미 혼을 뺏겼다. 이윽고 수업 마치는 종이 울리면 강냉이죽을 받으러 교실 밖으로 뛰어나가고 남은 학생들은 창가에 몰렸다. 손에는 각각 양재기에 담긴 샛노란 강냉이죽과 바꿔 먹을 도시락이 들려 있다. 대가리가 그대로 달린 왕멸치볶음 도시락 반찬. 그해인지 이듬해인지 강냉이죽이 옥수수빵으로 변신한다. 그 강냉이죽이 그립고 냄새도 그립다.

- 꽃소쿠리

초등학교 4학년이었다. 학급 문집의 편집과 제본을 맡았다. 반 친구들의 글을 모아 등사지에다 철필로 옮겨 써서 등사기에 끼우고 그 밑에 종이를 깔고는 등사 잉크를 묻힌 롤러로 눌러 밀었다. 담임 선생님이 문집 이름을 '꽃소쿠리'로 하자셨다. 세상에 소쿠리라니! 남새거리나 부침개를 담는 소쿠리. 삶은 고구마를 안고 살강에 얹혀 있는 소쿠리. 때가 전 땀수건을 끼고 남새밭에서 나뒹구는 소쿠리…. 나는 '꽃바구니'로 하자 했다. 선생님은 바구니는 너무 커서 안 예쁘다신다. "선생님, 소쿠리가 더 큰데요." 말했지만 결국은 내 손으로 처음 만든 《꽃소쿠리》를 반 친구들에게 나눠주었다.

- 고전 읽기

《구운몽》,《한중록》,《택리지》,《숙영낭자전》,《박씨부인전》…. 초등학교 때 읽었던 책이다. 그냥 읽은 것이 아니라 읽고 나서는 시험을 쳤다. 군 대회도 나가고 도 대회도 나갔다. 賞이라 크게 도장을 찍은 공책을 상으로 받았다. 고전 읽기였다.

- 디후데리아

세상에서 가장 무서운 병은 디후데리아란다. 목 안에 밧줄이 생겨서 목이 졸려 죽는 무시무시한 병이지. 선생님은 콱 목 조르는 손짓까지 했다. 그즈음 떠돌던 괴담. 통시에 가면 빨강색 줄을 줄까 파랑색 줄을 줄까? 소리에 빨강색이라 대답하면 빨간색 줄이 내려오고, 파랑색이라 답하면 파란색 줄이 내려와 목을 감아 죽인다는…. 대학에 가서야 디프테리아라는 제 이름과 정체를 알았다.

화장실이다. 방금 들린 듯한 그 소리. 빨강색 줄을 줄까 파랑색 줄을 줄까. 얼김에 흘낏 천장을 쳐다본다.

- 회충 조사

선교사인 전주예수병원장이 장폐색으로 죽은 아홉 살 소녀의 배에서 꺼낸 회충 1,063마리의 사진을 당시 박정희 의장에게 보낸 것이 기생충 퇴치의 계기이다. 산또닝을 먹은 다음 날은 회충조사를 했다. 선생님이 이름을 부르면 똥에 섞여 나온 거시가 몇 마리였는지 말한다. 한 아이가 서른일곱 마리라고 우렁차게 답했다. 나는 그날 학교가 파할 때까지 내내 그 아이의 얼굴을 힐끔거렸다. 그다음 날도 그랬다. 이름이 잊히지 않는다.

- 곰배팔

아랫동네의 드난꾼인 그는 허름한 군복 윗주머니에 한 손을 넣고, 핀으로 주머니와 소매를 찔러 고정하고는 남은 한 손으로만 일했다. 철없는 우리는 멀리서도 저기 곰배팔이 온다! 쩌렁쩌렁 소리를 질렀다. 하늘에 별이 돋는 밤이면 그는 슬프디슬픈 표정으로 하늘을 올려다본 뒤 담배를 비벼 끄고는 방으로 들어갔을 것이다. 술도 한잔했을 것이다.

- 지우산

개명한 큰아버지는 당시에는 드물게 예수교를 믿었고 자주 대처를 나다녔다. 여러 달을 유랑한 후에는 아우 집을 방문하였는데 손에는 이런저런 선물이 들려 있었다. 그중에 으뜸은 지우산이었다. 들기름을 잔뜩 먹여 두껍고 질겨진 한지에 그림이 그려 있고 특히 대나무 우산살이 실했다. 비닐우산에 비할 바가 아니었다. 식구들 몰래 지우산을 쓰고 학교에 갔다. 수업 시간에도 복도의 지우산에 마음이 쓰였다. 그때 복도에는 삿갓도 있고 도롱이도 있었다.

- 선거다리

학교 오가는 두 길이 있다. 하나는 저수지 둑길이고 다른 하나는 한참 저 아래쪽의 내를 돌다리로 건너는 길이다. 저수지 둑길은 지름길이기는 하나 이어지는 산길 때문에 동네 아이들 여럿과 등굣길에만 다녔고 대개의 하굣길에는 다른 동네를 빙 둘러 돌다리로 내를 건넜다. 홍수로 물이 불거나 지척의 바다에서 밀물이 드는 날은 나룻배를 탔다. 따로 뱃삯을 치르지 않는 나는 노 젓는 아지매와 눈이라도 마주칠까 무서웠다. 당시 공화당 국회의원이 선거가 있는 4년마다 다릿발 한 개씩을 세웠는데 내가 고향을 떠나 도시로 유학하고도 한참이 지나서야 다리가 완공되었다. 우리는 그 다리를 선거다리라 부른다.

남해안 고속도로를 벗어나면 저어기 선거다리가 보인다. 다리를 건너면 너른 간사지 너머로 아랫담이 보이고 야트막한 산모퉁이를 돌아 그 웃담이 우리 동네다. 벌써부터 가슴이 뛴다.

물미 해안에서 보낸 편지

 햇살 눈부신 오월 한 날에 '남해 물건리에서 미조항으로 가는/ 삼십 리 물미 해안'길을 달린다. '남도에서 가장 빨리 가을이 닿는' 길이라 하나 오월 한 날에도 '허리에 낭창낭창/ 감기는 바람을 밀어내며/ 길은 잘 익은 햇살 따라 부드럽게 휘어지고/ 섬들은 수평선 끝을 잡아/ 그대 처음 만난 날처럼 팽팽하게 당기'고 있다.
 자신을 오십 대라 밝힌 문화해설사가 투박한 남해 억양과 쉰 음성으로 시 〈물미 해안에서 보낸 편지〉를 낭송하는 동안 나는 '해안선이 돌아앉아 머리 풀고/ 흰 목덜미 말리는' 모습을 그리고 그 시인을 그렸다.
 맨 처음 그는 남해 어촌의 작은 학교 학생이었다. 해거름이면 '낮은 파도에서 멀미하는 노을'을 보며 마침내 시인이 되는 꿈을 꾸는 소년이었다. 먼바다에서 갯바람이 불어오는 날에는 '저토록 몸이 달아 뒤채는 파도'를 보며 누군가를 그리워하곤 했을 것이다. 그러그러하던 어느 해에 '단감 빛으로 물드는 노을' 같은 선생님이 남해로 왔다. 그는 온몸을 방풍림처럼 붉히다가 그만 '그렇게 돌아앉아 있지만 말고/ 속 타는 저 바다 단풍 드는 거 좀 보아요.'라고 말해버렸을 것이다. 지금 나는 단감 빛으로 물드는 노을 같은 선생님, 내 친구를 그린다.

아무리 시간을 얹어 포개고 쌓아 눌러도 절대로 훼손되지 않는 기억이 있다.

그해 여름은 몹시도 날이 더웠다. 대학 입시가 몇 달 후였고 엄마! 엄마가 나를 몰라봤다. 도무지 어찌할 바를 몰랐던 나는 그만 온 등짝과 옆구리에 대상포진을 앓고 말았다. 환부의 시작은 당혹스러웠다. 몇 군데의 병원을 거쳐서 물어물어 찾아간 장터의 허름한 약방에서 생경한 그 병명을 들었다. 약방 주인은 환부를 보자 대번에 "허! 쫙 퍼져삣네." 한마디를 했고 약방을 나올 때까지 짠안한 눈길을 거두지 않았다. 낯선 엄마와 등짝의 수포는 노도怒濤와도 같이 거대한 통증이었다. 그 통증에 머리채라도 휘어잡힌 듯 아무 일도 어떤 생각도 할 수가 없었다. 학교는 결석한 채 하숙집에만 있었다. 그렇게 여름이 가고 가을이 왔다. 친구가 하숙집으로 나를 찾아왔다. 봄나물 같은 목소리로 내 이름을 부르며 왔다. 손에는 집에서 만든 음식 가지가 들려 있었다. 소풍 가는 날에는 소풍 대신 종일 나와 함께 있어 주었다.

　대학 예비고사 날이었다. 시험을 쳤던 인근 도시에서 기차를 타고 역에 내렸을 때는 초겨울 저녁거리에 어둠이 깔려 있었다. 막내딸은 서울로 유학을 보낸다고 했는데. 학업의 공백으로 인한 대학 입시의 두려움이 짙은 어둠에 한몫을 거들었다. 친구의 언니가 마중을 나왔다. 언니는 나와 친구를 양옆에 한쪽 팔로 안듯이 하고는 식당에 들어갔다. 주문한 음식을 기다리는 동안 맞은편의 친구는 옆자리의 언니에게 재잘재잘하고 친구를 바라보는 언니의 눈빛은 다정했다. 그때였다. 나는 자리에서 벌떡 일어나 그대로 휑하니 집으로 와 버렸다. 지금도 나는 그때의 나를 모른다. 도무지 모른다. 어쩌면 그때부터였을까. 훗날 막내올케언니가 된 친구의 언니가 시누이인 나를 영 마뜩잖아하게 된 시작이. 그래도 대학생이 된 나에게 힘들면 언제든지 찾아오라 쓴 편지에 돈을 넣어 보내며 손목시계를 사라고 했다.

　시인을 꿈꾸던 소년은 커서 시인이 되었고 단감 빛으로 물드는 노을 같은 선생님과 결혼했다. 막내오빠는 오랫동안 시인과 친구를 염려했지만, 시인은 시를 쓰고 시인의 아내는 평창동에 집을 지었다고도, 멋진 드레스를 입고 예술의 전당에 다녀왔다고도 했다. 그 무렵의 나는 사는 일이 쓸쓸했다. 한날에 아이를 업고 막내오빠를 보러갔다. 시골집 아래채의 군불 땐 방바닥에 엎드려 텃밭의 병아리들이 흙 파는 것을 보면서

시 쓰는 법을 가르쳐주던 오빠는 그날, 무협지를 읽다 말고 전시회 준비한다는 언니를 마중 나갔다. 집으로 돌아오는 고속버스에서 나는 창밖으로 고개를 돌리고 작게 울었다.

열린 창으로 한 줄기 짭조름한 바닷바람이 선선하다. 잠시 시인과 친구 그리기를 멈춘다. 여태까지도 문화해설사는 시를 낭송하고 있다. 스스로 남해 사랑이 남다르다고 말하는 그녀는 당연히 시인에 대하여도 곡진하다. 암송하는 시가 상당수이다. 문득 안부가 끊긴 친구가 궁금하다. 지금은 유럽의 어느 고성古城녘에서 여전히 저녁노을처럼 물들어 가고 있을는지. 다시 언젠가 봄나물 같은 목소리로 내 이름을 불러 줄 것인지.

버스가 물미 해안을 벗어나고 있다.

세월

그런데 당신, 점심은 드셨어요?

함께 점심 먹기로 한 약속이 취소되었습니다. 비도 오는데 이담에 보자. 이미 눈치야 챘겠지만 이런 게 바로 나이 든 거죠. 예전 같으면 분명 둘 다 이랬을 텐데요. 비도 오는데 우리 만날래?

비는 억수로 내립니다. 창 유리를 무모하게 부딪고 야멸치게 미끄러져 흐릅니다. 저런 제 운명을 전들 어쩌겠는지요. 삼라만상 운명을 거스른다는 게 어디 그리 쉬운가요. 그래도 뿌연 창밖으로 저 아래 동천이 방방하니 불어 보기가 좋습니다. 나는 더운 커피잔을 들고 가만 의자에 앉아서 동천의 흐름양을 보며 비 온 정도를 가늠하고 있어요. 유리 벽 하나 사이로 두 세상이 이렇게 다릅니다. 어데 사람이라고 맨 다를까요. 언제

나 창밖 풍경인 그런 관계도 있지 않을까요. 물리적인 거리가 무색한 그런….

우산 쓴 사람들이 건널목을 건너는군요. 이제는 녹색 신호등이 아니라도 도시의 차들이 무척 예의 발라요. 걷는 사람들을 우선 배려하죠. 배려라는 말에는 온기가 있답니다. 온기 있는 말은 온기 있는 사람들의 한몫이죠. 그때 젊은 엄마에게는 온기가 없었습니다. 어설픈 이성으로 냉철했어요. 초등학교 입학하는 봄날 같은 아이에게 모질었습니다. 비가 와도 마중 나가지 않을 거야.

딱 그날만은 내 수업도 일찍 끝나고 마침 비도 오고 그래서 학교 파하는 시간에 교문 앞 엄마들 틈에 끼여 내 아이를 기다렸습니다. 저쯤 운동장을 가로질러 한 떼의 고만고만한 아이들이 잰걸음으로 다가왔죠. 친구의 우산 밑에 머리만 들이밀고 작은 몸을 비에 내맡긴 아이 하나가 눈 안으로 걸어와요. 왜 제 아이는 멀리서도 퍼뜩 알아보잖아요. 나는 아이를 부르며 내달렸죠. 나를 본 아이가 나보다 더 빨리 달려와 부딪듯 안겨서 서럽게 서럽게 울었습니다. 우산이 안 펴져서 선생님께 보였더니 부러졌다고 쓰레기통에 버리더라네요. 일 학년 아이의 당혹감이, 여덟 살의 난처함이, 줄번호 삼 번의 부끄러움이…, 한데 뒤엉켜 내 안쪽을 마구 짓이겼습니다. 그런데 오늘처럼 비가 내리면 그날의 짓이김이 도지고 말아요. 당신, 사람들은 당신을 일러 약이라고들 말하는데 이런 나를 손 놓고

세월 61

가만있는가요?

 이 비 그치면 뒤이어 봄날은 오고야 말겠죠. 나는 또 BTS의 〈봄날〉을 듣습니다.

> 보고 싶다. 이렇게 말하니까 더 보고 싶다. 그리움들이 얼마나 눈처럼 내려야 그 봄날이 올까. 보고 싶다.

 이런 노래를 듣고도 어찌 BTS를 좋아하지 않을 수 있겠는지요. 또래를 죄다 트로트 가수에 빼앗기고 홀로이 저녁 어스름 동천길을 걸으며 이어폰으로 역시 BTS의 〈소우주〉라도 들을라치면 무단히 외로워 얄궂습니다.

> 이 밤의 표정이 이토록 또 아름다운 건 저 별들도 불빛도 아닌 우리 때문일 거야. 난 너를 보며 꿈을 꿔. 난 너를 보며 숨을 쉬어. 우린 우리대로 빛나. 우리 그 자체로 빛나.

 저러도록 빠른 노래가 이러도록 쓸쓸하게 들리는 현상은 다 무엇일까요. 아, 사람이 우주의 부분이면서 그 자체로 하나의 독립된 우주라고 하는군요. 흠, 인간은 자신이 영혼을 불어넣은 축소판 우주라고 하는군요. 이즈음에 친하다고 여겼던 사람에게 섭섭한 일을 겪고 그게 수시로 생각나서 애를 먹어요. 다른 사람에게 그 말을 하고는 괜히 했다는 후회로 이전보다 더 힘들어져서 끙끙 앓고 있답니다. 바로 이런 때에 〈소우주〉 노랫말은 영 뜬금없다고만 할 수 없는 무한의 위로가 되어요.

우연인지 필연인지 BTS의 〈봄날〉이 당신과 이름이 같은 세월호의 추모곡으로 불리는군요. 세월호 십 년…, 여직 조끔도 바래지 않은 샛노랗게 아프고 그리운 이름입니다. 봄날이 되면 더욱 보고 싶어 사무치겠죠. 차가운 바닷물 생때같은 아이들은 그 어머니에게 시공간을 초월한 총체적 존재 바로 소우주였을 테니까요. 나는 그만 부끄러움으로 고개를 숙입니다. 당최 기약 없을 노란 깃발 앞에서 그깟 비 내리던 날의 짓이김을 투정하고 있었다니요.

어느새 봄날은 여만치 와 있습니다. 하마 당신의 나이테에는 무량의 봄날이 쟁이었겠지요. 아린 나의 봄날도 거기 한 점이 될는지요.

방관

  초등학교 동창들의 카톡방이 하 수상하다.
  두엇을 빼고는 얼굴을 떠올릴 수 없는 이름들이 한 사건을 두고 쑤석거린다. 지금껏 읽듯 만 듯 건듯 해왔던 단체 카톡 글에 나도 모르게 바짝 눈이 갔다. 쑤석거리는 내용으로 보아 돈 관련으로, 사건에 지목된 한 이름은 자신의 억울함을 장문으로 호소하고, 다수의 이름은 그 호소가 영 시쁘지 않다며 이악스럽게 내친다. 피차 어금버금한 말들이 여간해서는 끝날 것 같지 않다. 한 이름은 저토록 애가 타는데 다른 이름들은 이토록 당당하다. 그들 어떤 이름들도 나에게는 모도록 함께 자란 들풀만 같아서 아프다. 나 이외에도 무려 백 여남은 동창들이 동시에 카톡을 보고 있을 것이며, 나와는 달리 사건의 진위를 잘 아는 동창도 있을 것이나, 쑤석거림의 기세가 워낙

사나워서인지 아무도 섣불리 답글을 달거나 조정을 위해 나서지 않는다. 박사博士 이름이 한마디 나섰다가 알지도 못하면서 잘난 척하지 말라는 된서리를 맞았기 때문이다. 동창회의 온갖 구듭을 군소리 없이 쳐 왔는데 이럴 수가 있느냐는 한 이름의 호소가 짠하다. 사태가 이리되도록 뒷갈망도 없고 질정할 여력도 없는 동창회의 우두머리를 속으로만 탓할 뿐, 나 또한 어설픈 주변인이 되어 방관하고 있다.

나를 바라보는 그 아이의 눈빛은 절박했다. 그 아이의 결백을 믿어 줄 한 사람으로 도움을 청하는 눈빛이었다. 반 아이들의 확신에 찬 아우성에 어정쩡 그 절박한 눈을 방관했다. 시골 학교 반장의 딜레마였다. 아이들의 가방에서 막대사탕을 사 먹을 돈이나 학급비를 낼 돈이 자주 없어진 사건이었다. 그 일 이후 그 아이는 학교에 나오지 않았다. 담임 선생님의 부탁이 있었는지는 기억에 없지만 반 아이 한 명과 함께 그 아이의 집을 물어 찾았다. 시골집이나 한눈에도 빈한해 보였다. 집은 비어 있었고 그 아이를 만나지 못했다. 동네가 참 아름답구나! 와중에도 그런 생각을 했던 것 같다. 숙이, 졸업 앨범에 없는 그 아이의 이름이 소녀적 내 가슴의 낙인이다.

나를 바라보는 그의 눈빛도 절박했다. 도난 사건에 내 학생이 의심된다는 실습병원 부서장의 연락을 받고는 쿵 심장이 울렸다. 내가 갈 때까지 누구도 그를 다그치지 말도록 엄명했다. 오도카니 앉아 있는 그를 밖으로 데리고 나와 병원과는 좀 멀리 떨어진 카페에 마주 앉았다.

"맹세코 저는 아니에요."

그는 거듭 결백을 호소했다. 그의 말간 눈빛을 방관할 수가 없었다.

"그럼, 경찰에 의뢰해도 되겠습니까?"

병원 관계자는 조심스럽게 그러나 결연하게 물었다. 그새 달려온 경찰차를 탔다. 그의 손을 잡은 내가 더 떨렸다. 한 경찰이 팔로 그의 어깨를 안듯 안으로 들어가자 강력계 문패가 붙은 철문이 내 앞에서 꽝 소리를 내며 닫혔다. 아랑곳없이 편안한 표정의 또 한 경찰은 얼어있는 나를 달랬다.

"선생님은 가르치는 게 일이지만 우리는 이런 일을 조사하는 게 일입니다."

채 십 분이나 되었을까?

"자백했습니다."

철문이 열리고 얼굴만 내민 경찰이 무심한 억양으로 알렸다. 으스스 난데없이 한기를 느낀 나는 그를 둔 채 혼자 돌아왔다.

긴 여름 끝이다. 한줄금 내리는 비가 가을을 연다. 꾸무룩한 날씨는 커피 맛을 돋운다. 낮게 퍼지는 커피 향이 짙다. 등받이 없는 나무의자에 앉아 커피잔을 들고 나머지 한 손으로는 식탁에 얹힌 핸드폰을 뒤적거린다. 한 달여를 쑤석거렸던 카톡방이 잠잠하다. 그렇더라도 마녀사냥으로 화살받이가 된 한 이름은 편안해질는지. 그런 날이 오기나 할는지. 한 이름의 낙인이 남 일 같지 않아 마냥 아릿하니 아리다. 그리 어렵지 않게 한 TV 드라마의 대사를 떠올려본다.

'그들도 처음부터 널 싫어한 건 아닐 거야. 좋을 때도 있고 고마울 때도 있었겠지. 그러다가 네가 안 좋아지는 상황이 되면서 자기도 싫었다고 마음을 정한 거야. 방관해 버림으로 아무것도 안 할 핑계를 만든 거지. 그래야 마음이 편하니까. 다수의 관계는 그렇게 흘러가는 거야.'

그래, 한 이름의 친구야! 하마 영혼까지도 쓰리고 아리겠지만 어떡하겠니? 다수의 관계는 그렇게 흘러가는 거라네. 그러니 우리는 다 그냥 그런 사람인 게지.

미망

 커피잔을 잃어버렸다. 가끔 머릿속의 세포 배열이 헝클어진 듯 아주 작은 기억들이 제 회로를 찾지 못하고 엉망으로 뒤섞였다가는 이내 멍해져 버리고 일상의 사소한 습관까지도 갈피를 잡지 못하고 미망迷妄에 빠지는 딱 오늘 같은 날에는 명의의 처방처럼 익숙한 원두커피 대신 카페라테를 마신다.
 두 잔이나 될 넉넉한 양의 인스턴트커피 가루에 듬뿍 그만한 양의 설탕을 넣고는 끓인 물을 아주 조금 빠듯하게 커피가 녹을 만큼만 부은 뒤 우유를 섞어 양을 조절하고 다시 전자레인지에 데운다. 진하고 뜨겁고 달콤한 수제 카페라테이다. 한 모금씩의 카페라테는 혀끝을 적시고 입안에 머물다가 천천히 목을 타고 넘는다. 흡사 조영제처럼 미세하게 헝클어진 머릿속을 뚫고는 미망에 갇힌 기억과 습관들을 불러내어 가지런히

정렬시키는 것이다.

 잃어버린 커피잔 찾기는 쉽지 않았다. 방방마다는 물론 화장실까지 살폈다. 그새 다 마셨나? 싱크대를 보니 물을 반이나 담은 컵이 두어 개 있기는 하다만 어느 컵이었는지. 혹 입안에 남아있을 커피의 잔향이라도 다셔보지만 아무래도 마신 것 같지는 않다. 책꽂이와 창틀까지 샅샅이 훑었다. 도무지 흔적이 없다.

 며칠 전 일이다. 지난해 신영복 교수의 부음을 읽고 서점에 들러 그의 마지막 저서가 된 《담론》을 사고는 차일피일 미루다가 해가 바뀌도록 여태껏 읽지 않은 게으름을 기막혀하며 펼쳐 들었다. 펼친 책 군데군데 밑줄이 그어져 있다. 앞부분을 읽다 그만두었으려니 여기며 얼마를 더 읽어가던 나는 기어이 맨 뒷부분까지 뒤적여 볼 수밖에 없었는데, 마지막 장인 〈석과불식〉까지 처음처럼 꼭 그렇게 꼼꼼하게 밑줄이 그어진 것이다. 그때까지도 나는 아무런 기억이 없었다. 내용이 아니라 책을 읽었는지의 기억조차도 말이다.

 뎅겅 뭉텅 툭! 꽃모가지가 통째로 떨어지는 소리가 들린다는 나이이다. 속절없는 낙화를 서러워할 겨를도 없다. 그만 잊히면 좋을 아득한 일들은 어제처럼 또렷해서 내내 마음을 성가시게 하는 나이. 명료해야 할 어제 일은 십 년이나 전처럼 아득해져서 놀라 돋보기라도 껴야지 하고는 허둥대다가도 막상 끼고 나면 무엇 때문이었는지를 몰라 혼자 아연해지는 나이. 금

세 들은 이야기는 고개 한 번 주억거리면 다 까먹고 아닌 척 겉만 멀쩡한 나이. 여북하면 어제 봤던 영화 제목이 기억나지 않을까.

또한 그리고 미망의 노인 보기를 여느 세대보다 더 힘들어하는 나이이다. 요양병원에서 일하는 친구는 다른 어떤 상황보다 미망에 빠져 허우적대는 어르신들 보기가 힘들다 했다. 양치하는 법을 잊은 이는 매번 치약을 먹어버리고, 식사법을 잊은 이는 밥과 반찬을 함께 먹는 것이 아니라 차례대로 밥을 다 먹고는 국, 국을 다 먹고는 반찬 한 가지씩 간장까지 따로 먹는단다. 혼자서는 소소하고 간단한 몸단장도 못하면서 한 보따리의 물색 고운 옷들을 움켜쥐고 있는 이를 보노라면 캄캄한 미망으로부터 건져내 주지 못하는 의료인으로서의 자괴감은 제쳐두고 그저 자신의 나중 모습이 환영으로 보인 듯 몸서리를 치곤 한단다.

시어머니는 막내딸에게 두루 뒷정리를 당부하고 요양병원으로 생의 마지막 거처를 옮기셨다. 고마운 사람들을 일일이 챙기도록 했으며 당신의 마지막 당부를 맡은 막내딸에게까지 인사하기를 소홀하지 않으셨다. 자신의 연명을 위해서는 하다못해 링거 한 방울까지도 미안해했고 지극히 명료한 의식으로 "모든 것이 다 감사했다." 한마디 남기셨다. 찡하니 목울대가 떨리는 이별이었다. 드러내어 표절하고 싶은 전별이었다.

내 몸의 운명이야 때가 되면 내 의지로 결정하기 나름이다.

퍽 조심스러운 전망이지만 때가 되면 법적으로도 의학적으로도 도와줄 것이다. 삶과 죽음에 대한 저마다의 태도는 관습이나 종교나 부富 등 여럿의 변수에 따를 것이나 지금 내가 처한 이 자리와 이 시간의 내 가치관으로는 아무렴 그리될 것이다.

내 마음의 외로움이야 어디 벗하기 나름이다. 이사 갈 기미 없는 이웃으로 삼고는 가슴 한편에 지은 집으로 초대한다. 비켜 가버린 꿈들을 불러 모으고 흘러간 인연들을 손짓하여 불러서 함께 둘러앉아 더운 차를 마신다. 그리운 것은 그리운 대로 허전한 것은 허전한 대로 두어두고 시선도 굴레도 시간도 무한 자유로울 나의 외로움 나의 벗. 그러나 미망은 진정 두렵다. 팽하니 돌아앉고만 싶다.

오전 나절에 잃어버린 커피잔은 저녁나절에 전자레인지 안에서 찾았다.

다행이다.

아직은.

귀환

 느개비가 내리는 어스름 저녁이다. 이런 날은 오래되어 잊힐만한 이야기를 풀기 딱 좋다. 마침 시어머니의 재봉틀이 왔다. 시어머니의 자개농 옆이 굳건한 제자리인 줄로만 알았는데…. 시누이의 승용차 트렁크에서 내려 우리 집으로 걸어 들어왔다. 오래 버려두었던 기억 꾸러미 하나를 안고 삼십여 년 전 그날에서 오늘로 귀환했다.
 어머님은 첫 손자 맞을 준비로 시장에서 융 필을 떠다 마름하고는 일일이 용도를 설명했다. 배내옷, 속싸개, 이불 그리고 며느리의 자리옷까지. 나는 산전진료를 갈 때마다 병원 옆 아기용품 가게의 앙증한 배내옷과 물색 좋은 이불 등을 누가 봐도 표나게 기웃거리다 천천히 걸음을 내딛곤 했다.
 그날은 아무도 없었다. 묘한 두근거림을 다독이며 안방으로 갔다. 마주한 자개농이 부재한 어머님의 위엄을 대신했다. 그 못지않은 위엄의 재봉틀 옆에 마름질한 것들이 얌전히 개켜있다. 조심스레 그것들을 펼쳤다. 새물내와는 다른 새 천 냄새에 울컥하여 손끝이 떨렸는지 안 그랬는지. 그중 쉬울 듯한 속싸개를 골라잡았다. 가장자리를 재봉틀에다 박음질해 볼 참이다. 유년의 시골집에서 언니들의 혼수를 지을 때 종일 들들거리던 재봉틀 소리를 떠올리고 여학교 가정 숙제로 앞치마를 만들던 손놀림을 더듬었다. 만삭의 자세로 앉은뱅이 재봉틀질이 당연히 편치 않았지만 내 첫 아이의 속싸개를 내 손으로 박음질한다는 설렘인지 아무튼 그랬던 것도 같다.

뜻밖이었다. 어머님은 박음질 된 속싸개를 보고는 대놓고 역정을 냈다. 허락 없이 안방을 출입한 며느리가 언짢음인가. 당신 재봉틀에 함부로 손을 대서인가. 그도 아니라면 첫 손자 맞을 준비를 손수 하고 싶은 순정한 바람을 망가뜨린 노여움인가. 오랫동안 그날의 당혹과 무안의 순간을 떠올릴 때마다 그 이유가 궁금했다. 어찌하였든 조그마한 내 아이는 겹으로 된 융 배냇저고리를 입고 융 속싸개에 싸여 집으로 와서 두툼하게 솜을 앉힌 융 이불을 덮었다. 융 자리옷을 입은 나도 내 첫아이 옆에 나란히 누웠다.

재봉틀만이 아니라 생전 어머님의 위엄이 함께 귀환했다. 그러나 재회한 위엄은 그 시절 오소소 늦가을 찬서리 같은 그런 위엄이 아니다. 는개비 으스름 저녁처럼 안온하고, 고이 간직해온 색바래진 배냇저고리처럼 아릿했다. 쓰다듬듯 재봉틀에 마른 걸레질을 한다. 세월을 견디느라 모서리가 닳아 헐거워진 서랍 속에서 인두와 무쇠 가위가 긴 침잠에서 깨어 밖으로 나와 바람을 쐰다. 닳은 저 모서리처럼… 내 기억도 내 쓸쓸함도 그만 헐거워지기를. 그리하여 서랍을 나온 인두와 가위처럼 나의 사유는 부는 바람에 실려 다니다 저 산자락에서 오래 산 나무들의 얽히고설킨 전설을 듣거나, 일꾼들이 가고 없는 빈 들판의 제물엣소리를 듣거나, 다솔사 툇마루에 걸터앉아 《버리고 갈 것만 남아 참 홀가분하다》 박경리 시집을 읽길 바란다.

뵌 적 없는 시외할머니가 시집올 때 갖고 왔다는 오동나무 농짝 깊숙한 안쪽에서 시어머니가 재봉틀로 손수 지어 입혔던 당신 첫 손자의 배냇저고리 내 첫 아이의 배냇저고리를 내다널었다. 익은 보리밭을 어루만지다 내 집 창으로 넘어 온 유월 바람에 널었다. 그 모든 인연이 울먹하다.

이만큼이나마 나이 들고서야 스치고 간 인연들의 매 순간에는 다 그만한 이유가 있다는 걸 알 것만 같다. 이유 없이 존재하는 것은 아무 데도 없다는 걸 알았다. 어리둥절한 순간을 나이만큼 보내고서야 알겠다. 내가 모르는 나의 어느 순간에 나조차 낯설었던 그런 날도 있었다는 것을 무수한 당혹과 무안을 견디고서야 안다.

어떤 인연의 순간도 기어이는 이유를 궁금해하지 말며 애써 다그치지 말 일이다. 힘들여 비난하지도 말며 자리 옮겨 원망하지도 말 것이다. 더 먼저는 슬퍼하지 않는 것이리라. 버리고 갈 것만 남아서 홀가분하다는 시인은 뼈가 으스러지는 세월, 측천무후도 믿지 못할 사연은 저승에서나 풀어놔야지 했다. 그리할지라도 당최 참을 수 없는 순간을 만나면 고개 숙이고 비켜설 것, 조용한 뒷모습을 보이며 묵묵히 다만 걸을 것, 얼마를 걸어가다 보면 문득 고개를 들어 유한했던 뭇 인생들이 한 걸음 앞서 걸었던 흔적을 볼 것이다. 오늘처럼 과거로부터의 통보 없는 귀환이 깨달아 알게 해 줄 것이다. 유월 어느 어스름 저녁 같은 그런 날이 있어 줄 것이다.

  아아, 매사 밥 뜸 들이듯 살라던 오래전 내 어머니의 말도 이제사 귀환했습니다.

아, 떫감

 떫감나무 한 그루가 고향 집 담벼락을 기대고 있다. 어림짐작만으로도 내 나이보다 오래되었다. 오래된 것들은 역사를 가진다. 떫감나무에도 저만의 역사가 있으니 담장도 그중 하나이리라. 기억하건대 탱자나무 울타리에서 돌담으로, 돌담의 벌어진 틈에다 벽돌로 땜질을 하기까지 그곳에 있으니 말이다. 언제부터인지 고향집을 방문하면 전에 없이 늙은 떫감나무의 안부를 살피고는 한다.
 떫감나무는 내 유년의 마당을 꾸몄다. 겨울 한기가 더는 미적거리지 못하고 물러나면 연초록 감나무 잎이 그새 부드러워진 봄 햇살을 받아 환하게 빛난다. 햇살은 점점 야물어지고 감꽃도 탱탱하게 벙근다. 이윽고 만개한 감꽃이 장독대에 떨어져 다소곳하다. 마당에다 꽃자리를 편다. 꽃그늘에 퍼더앉은 예닐곱 살 소녀들의 감꽃 목걸이도 되고 팔찌도 된다. 혀끝으로 달콤 씁싸름했던 감꽃의 기억이 살아나는 듯하다. 때 이르게 떨어진 도사리 풋감을 모아 소금물에 우린 침시감은 그다지 먹잘 것은 없어도 그 시절의 한 군입거리는 되었다. 그렇더라도 홍시가 되기까지의 떫감은 그저 흔해 빠진 땡감 따위일 뿐이다.

소나기와 천둥과 함께 시나브로 여름 더위는 물러나고 한두 차례 태풍의 해찰이 지나가고 들판에 가을걷이도 끝날 무렵이면 풀색 풋감은 익어 홍시가 된다. 엔간한 꼬맹이 머리통만 하다. 마루 끝에 걸터앉아 맨다리를 건들거리며 반으로 자른 홍시를 숟가락으로 파먹었다. 다 파먹고 남은 감 껍질과 감꼭지를 울 넘어 아무 데나 휙 던져도 괜찮았다. 한겨울 독 안에서 꺼낸 홍시는 달리 비할 데가 없는 맛이었다. 그런 유년이 아니었다면, 나조차 잊고 있던 감성들, 내 온몸 온 마음에 숨은 듯 배어있는 고요한 설렘, 참아 기다림, 포근한 슬픔 들을 얻지 못하였으리라. 그런 유년이 있어 청한 적 없는 쓸쓸함도 견뎌왔으리라.

객지에 나가서야 우리 집 떫감이 대봉감이라는 것을 알았다. 내 고향이 대봉감 산지라는 것과 대봉감이 귀한 선사품이 되는 것도 알았다. 늘 가까이 있어서, 너무 흔해서, 지극히 당연해서 대강으로 여겨왔던 떫감의 실체였다. 예순의 날들을 살고 보니 떫감인 줄 알아, 떫감 본 듯하여, 떫감 내치듯 했던 인연들이 공연히 섧다. 대봉감으로 신분이 바뀐 떫감은 오랫동안 오빠들의 선사품이 되어 집 밖으로 나다녔고 잔챙이만이 막내인 내 몫이었다. 세월은 흘러 이제야 내 차례가 되었다마는.

고향 집을 지키는 여든의 큰오빠는 떫감나무의 아랫가지에 달린 감만 딴단다. 일꾼도 없으니 윗가지에 달린 것들은 그냥 둔단다. 요새는 까치도 홍시는 안 먹는지 마른 가지에 달린 채 생을 마감하거나 땅에 떨어져 낭자하게 속살을 쏟기도 한다. 앞으로 몇 해나 더 열릴지 모르겠단다.

재작년에는 다니러 온 장조카와 둘이서 떫감을 땄다. 장조카는 한쪽 끝에 감 따는 가위와 그물망이 달린 전짓대를 들고 사다리에 올라타서는 한 개씩 딴 감을 허리에 찬 망태에 넣는다. 망태가 가득해지면 아래로 내리고 다시 빈 망태를 받아 든다. 나는 장조카가 시키는 대로 망태에서 떫감 하나씩을 꺼내 들고 위쪽의 뾰족한 부분을 가위로 살짝 날려서 목장갑 낀 손바닥으로 쓸어보아 매끈한지 확인한 후 종이 상자에 담는다. 그래야만 감끼리 부딪혀도 서로 생채기를 내지 않는다는 것을 생전 처음 알았다. 그간의 떫감이…, 떫감 뿐이든가 쌀이니 콩이니 고사리니…, 가늠 못 할 수고의 손길을 거쳤다는 것을…. 내 나고 자란 곳의 어느 것 하나 똑바로 알지 못한다는 허허로움도 그날이 처음이었다.

떫감을 따고 돌아와서는 고 잘난 일 좀 했다고 사흘을 한의

원에 다니며 침을 맞았다. 보는 사람 하나 없어도 혼자 부끄러워하다 못내 아렸다. 현관에 부려놓은 떫감 자루를 마음 편히 볼 수가 없었다. 큰오빠 내외의 작아진 뒷모습과 낮아져 가는 고향 집 담벼락과 이제는 여문 감이 버거운 떫감나무 가지들이 한데 모여 휘청거렸다.

  수필을 배우면서부터 스승에게 떫감 홍시를 보내드린다. 올해 구순의 스승은 잘 받았다며 매번 긴 메일을 보내오셨다. 이 봄 지나고 여름도 다녀가면 또다시 떫감 익는 가을이다. 메일은 안 주셔도 좋으니 아, 떫감은 오래오래 받으시면 좋겠다.

거기에 네가 있었다

　여러 해 전이다. 수필 관련하여 수상하는 스승을 축하하기 위해 자동차를 타고 부산에서 강릉으로 가는 길이었다. 이른 아침에 바삐 나선 길이라 일행 모두가 거르거나 변변찮은 아침 식사로 출출하다. 요기를 위해 들른 휴게소 뒤편으로 눈 닿는 곳마다 동해바다가 푸르르다. 각각 주문한 음식을 받아들고 자리에 앉아서 막 먹기 시작할 참이다. 웬 남자가 고래고래 고함을 지른다.
　가만 들어본즉슨, 주문하는 창구 위 벽에 붙은 사진을 보고 어묵탕을 시켰는데 막상 나온 음식은 사진의 그것과 다르다는 것이다. 손님에게 사기를 친다는 남자의 말에 욱한 주인과 둘이 한바탕 말싸움이다. 흘깃 곁눈으로 봐도 남자 앞에 놓인 어묵탕은 어묵의 개수부터가 사진과 차이난다. 광경을 지켜본

일행들이 그냥 웃어넘기는가 하더니 기어이 작가들답게 토론했다. 음식점 주인의 트릭이다. 남자야말로 진정한 컨슈머다.

2014년 국립국어원은 '먹스타그램'을 신조어로 선정했다. '먹다'와 사진 공유 애플리케이션인 '인스타그램'을 합친 말로 자신이 먹은 음식의 사진을 그 음식에 관한 정보와 함께 인스타그램에 올린 것을 말한다. 가는 곳마다 잘 차려진 음식 앞에서 먹기보다 먼저 사진 찍는 광경을 쉽게 본다. 어떤 음식점에서는 사진 촬영 금지라고 적어두기도 한단다. 셰프에게는 자기 요리에 대한 지적 재산권을 침해하는 행위이며 음식점에 대하여는 일종의 스포일러라는 것이다. 이러다 보니 달리 상업적인 의도나 무슨 상업적 해석이 있거나가 아닌, 먹어본 음식에 대한 순전히 개인 취향의 먹스타그램도 선 작용과 부작용 양날이 된다. 그것 때문에 음식점을 찾지만 그것 때문에 실망할 수도 있다는 것이다. 그때 강릉 가는 길의 휴게소 어묵탕처럼 말이다.

평소 음식 사진을 잘 찍지 않는다. 음식을 내오면 사진 찍는 사람들이 다 찍기만을 기다린다. 온도와 향 그대로의 훈감한 음식을 어서 먹고 싶은 생각뿐이다. 그 순간 내 시선이나 카메라의 뷰파인더나 음식에 꽂히긴 매한가지일 터. 그러나 둘의 서로 다른 결과는 나중 어느 날에야 확연해진다는 것을 새로 알았다. 하나는 잊히고 하나는 기억되고. 나는 사진을 찍기 시작했다. 자랑도 알림도 아니다. 먹고 나면 깡그리 잊히는 음식을 기억하기 위해서다. 어찌 식감과 냄새까지 사진으로 남기겠느냐마는 음식과 함께 음식의 이름으로 그 순간의 모든 것을 저장해 두고 싶은 것이다. 그 순간에 이르기까지의 인연들, 거울 앞에서 몇 번이나 옷태를 돌려보며 차려입었을 의상, 테이블 위에 다소곳한 꽃 한 송이, 한쪽 벽에는 입 다문 복제품 그림 액자, 길게 이야기를 자아내는 붙임성 좋은 꽃무늬 찻잔…. 내 기억보다 영특한 사진은 그 어떤 것들보다 그 순간에 함께했던 인연들을 새겨 둘 것이다. 먼 날에 그날을 불러내 줄 것이다. 불러낸 날과 그 순간을 친절하게 이어 줄 것이다.

아! 언젠가의 그날. 호들갑스럽던 일상이 숨죽은 저녁 어스름에 별안간 남은 생이 두렵다 느끼고 말 그날. 애먼 질량 보존의 법칙이 행복 총량의 법칙으로 뜬금없이 둔갑하여 더는 남은 행복이 없다고 여길 그날. 녹은 엿가락처럼 찐득하게 늘어나는 실삼스러운 생에 사표라도 던지고 싶을 그날. 낙목한천의 겨울나무처럼 쓸쓸해질 그날.

새벽기도 길에서 만난 노老권사님은 "사는 게 지겹다." 무거운 한마디로 내 안부에 답하셨다.

창밖에 흐르는 계곡 물소리를 들으며 달금한 단호박 샐러드에 작게 탄성을 질렀던 그 레스토랑을 기억한다. 시장 안 오래된 식당의 뜨뜻한 방바닥에서 상 밑으로 다리를 쭉 뻗고 앉아 내숭 없이 후루룩거리며 동태탕을 먹었던 그 겨울을 추억한다. 팥칼국수를 싹 비운 날에도 우리는 한참 동안 벽에다 등을 기대고 앉아 남은 이야기를 나누었다. 분명 시답잖은 이야기였을 테지만 팥칼국수 빈 그릇 너머 거기에 네가 있었다.

울적한 날에는 간절곶으로 간다

 마음 울적한 날에는 긴 해안길을 따라 간절곶으로 간다.
 지구의 자전축이 기운 탓에 더 튀어나온 호미곶보다 먼저 해가 뜬다는 곳. 간절곶에 해가 떠야 한반도에 아침이 온다. 간절히 원하면 이루어지는 곳이 맞는가. 새해 벽두가 되면 미명에 홰도 치기 전 절박한 심정들이 와자하게 모여든다. 미처 다 토해내지 못한 갈망을 애달파 할 필요는 없다. 거기 기함할 만큼이나 몸집 큰 소망우체통이 있으니. 멀리 배 떠나는 소리, 떠나는 배를 전송하는 파도 소리, 바다를 마주하고 선 등대는 홀로 아랑곳없다.
 내 울적함과는 아무 인과 없는 그들을 만나도 간절곶으로 간다.
 후드득 마지막 겨울비의 빗방울이 굵었던 날, 동해남부선과

일광의 아귀찜을 추억하는 그를 차에 태우고 간절곶으로 갔다. 빵 공방 AKI라고 쓴 빵 봉지를 들고 왔다. 일산에서 부산으로 하룻밤을 보내기까지 품었던 빵 봉지이다. 일산에서 제일 맛난 팥빵이란다. 드물게 듬직한 팥소가 얇디얇은 낱 겹 빵피를 입고 있다. 그는 내 첫 수필집에 실린 〈화양연화〉를 들먹이며 자신의 화양연화는 함께 보냈던, 남편의 미국연수 시절이라고 했다. 그러고는 나의 화양연화가 언제였느냐고 묻는다. 나는 지금이라고 답하였고 말하고 보니 정말 그런 것 같다. 그는 동해와 잇닿은 간절곶을 기억할 것이고 나는 그가 품어왔던 팥빵을 못 잊을 것이다.

대학을 졸업하고 첫 직장에서 만난 그니는 그곳에서 삼십팔 년 동안 일했다. 그니가 정년퇴직하고 다녀왔다는 스페인 산티아고 순례 이야기를 들려준 것도 바람 불던 날 여기 간절곶에서였다. 그니의 온새미로 잔잔한 말씨와 언뜻언뜻 소녀티가 별나게 짠했던 날은 바닷바람조차도 애써 거친 티를 숨겼다.

한 살 선배는 열 살이나 선배처럼 넉넉했다. 우리는 사십 년 세월을 지인하며 서로의 질곡들을 지켜보았다. 하늘이 끄무레해서 금방이라도 비가 내릴 것 같던 날 약속도 없이 불러낸 곳도 간절곶이었다. 하기사 어느 때는 약속하고 불러냈던가. 이제 막 밥상을 물리고 잠시 차 한 잔으로 하루를 미루어볼 아침나절이었던, 금방 귀가할 가족들의 식탁을 차릴 저녁이었던, 하물며 어둠이 이슥한 시간이었던 순전히 내 기분을 따라 불시에 불러내도 미리 약속이나 한 것처럼 지체하지 않았다. 시답잖은 나는 매번 시답잖은 이야기들을 쏟았고 넉넉한 선배는 잠잠히 내 말을 담았다. 그건 나에게 빚이다. 대갚음해야 할 빚이다. 체소한 가슴에 오만가지 먹먹한 이야기들이 켜켜이 쟁여있음을 나는 안다. 딱 한 번이었을까. 딸의 낯선 수술을 앞두고 아린 속을 드러내 보였지. 지극히 담담한 목소리로. 내가 무슨 큰 욕심을 부렸다고…만.

또한 그해 그날 그곳에서였다. 어느 수채화의 은은함을 여기다 비할까. 어느 명작의 대목이 그리 감동일까. 무슨 소설의 전개가 그토록 기막힐까. 누구라서 이리 아린 기억을 가질까. 그날의 풍경은 그가 간절곶 사진 한 장을 카톡방에 올리는 것부터였다. 10월 한날의 오후였다. 가족 모임조차 좀체 날 맞추기 애를 먹건만 거짓말처럼 한달음에 모였다. 방금 간절곶 개발의 브리핑을 마치고 온 그의 온몸에서 들뜸이 새어 나왔고 덩달아서 모두 한마디씩 거들었다. 바닷가에 모노레일을 놓는다고? 뉘엿한 햇살은 몽환의 조명을 만들고 고만고만 나이의 여인들은 소녀처럼 손을 잡은 채 바람을 거슬러 걸었다. 웃음소리가 사방으로 퍼졌다. 그리고 느닷없었다. 멀지도 않은 어떤 날 그 모든 영상이 멈췄다. 다시는 그날의 수채화를 마저 그릴 수 없다. 주인공이 둘이나 없는 이 소설의 끝은 미완성이다.

여전히 마음 울적한 날에는 간절곶으로 간다.

땅거미가 슬 무렵도 좋았고 동살이 잡히는 이른 아침도 괜찮았다. 긴 광안대교를 건너고 장산과 송정터널을 빠져나오면 바다다. 차창을 내리자 갯내 싹 가신 바닷바람이 길 안내를 한다. 이제부터는 죽 해안길이다. 기장 대변 죽성 일광 임랑 월내 그리고 서생. 저만치 등대가 보이니 간절곶이다.

 그곳은 여느 바다와 다르고 여느 바람과 다르고 여느 등대와 달랐다. 섣부른 말일지언정 유심함을 느낀다. 누가 재우친 적도 없건만 매양 허덕이던 일상을 떠나 잠시 고요를 만나는 곳. 아무에게도 내보이기 싫은 혼자만의 아픈 찌꺼기를 흔들어 씻어도 보는 곳. 무어 남길 족적 없는 무명한 삶을 위로받는 곳. 매사 반듯한 감정들이 남은 삶을 온전하게 지탱하여 안심시켜 주기를 소망하는 곳. 그새 손가락 깍지 사이로 새어 나간 추억들을 다시 걸러 모으는 곳.

 거기 언덕 중턱 오래된 건물의 이층 카페가 바다를 내려다본다. 긴 여행에서 기별 없이 들른 남자는 그 카페에서 에스프레소를 마셨다. 찻잔을 들고 고개를 숙인 남자의 등 뒤로 의자 커버가 붉게 타고 있었다. 남자는 다시 여행을 떠났지만 구석자리 붉은 덮개의 의자는 아직도 그대로인지. 의자가 있음직한 곳의 이층 창을 할긋 본다.

3부

들깨짬뽕을 먹는 시간
阿Q와 첫눈과 나
힘세고 부지런한 사내
56년생이 86년생에게
우리의 매력 중 하나는 나이
침묵
핏줄
한 끼의 미학
부엌과 친해지기

들깨짬뽕을 먹는 시간

생경한 이름이었다. 짝꿍처럼 마땅히 옆에 있어야 할 짜장면은 메뉴에 없다. 중국집은 분명 아닌데 들깨짬뽕이 특선이란다. 대강 둘러보아도 테이블마다 손님 앞에는 꽤 큰 그릇이 놓여 있다. 다 들깨짬뽕이다.

저녁나절에 그의 전화를 받았다. 들깨짬뽕이 끝내주는 집이 있어요. 어쭙잖은 일로 내내 소원하던 그인지라 무어라 한들 마다하겠느냐마는 짬뽕보다는 들깨라는 말이 더 탐탁했다. 사실 청해서는 짬뽕을 먹지 않는다. 어느 때라도 중국 음식을 먹는다면 내 선택은 짜장면이다.

한 노포의 짬뽕 국물을 두고 천상의 맛이라 표현한 칼럼니스트에게나 그런 국물에 도취한 미식가가 읽는다면 손사래라도 칠 일이지만 별달리 얼큰한 국물로 해장할 일 없는 나는 짬뽕도 짬뽕 국물도 애매하기만 하다.

내 어릴 적 기억의 들깨는 참깨와는 멀찍이 나앉아 있었다. 참깻단은 행여 낱알 한 알이라도 덕석 밖에 떨어질세라 서로 엇갈려 기댄 채 거꾸로나마 다소곳이 세워져 있고, 저쯤 맨바닥에는 한데 묶인 들깻단이 서 있거나 더러 자빠져있었다. 들깨밭이 따로 있기는 했는지. 길섶과 밭두둑에 무성한 깻잎을 땄던 기억뿐이라서. 그랬던 들깨가 언제부터인지 내 집에서도 한 자리를 차지한다. 들기름으로 볶은 나물, 들기름으로만 쑤라는 도토리묵, 들깨가루를 넣은 시래깃국 된장국…. 냉동실에는 들깨가루가 뭉텅이로 들어있다. 마트에 가면 참기름보다 들기름이 더 비싸다.

짬뽕을 두고 애매하다 표현하는 것은 짬뽕 국물의 애매한 붉기 때문이다. 나는 애매한 것들이 다 마뜩잖다. 무수히 맞닥뜨렸던 애매한 것들, 결국은 상처가 되고 만 것들…. 붉은 기 없이 뽀얀 국물의 들깨짬뽕 두 그릇이 우리 앞에 놓였다. 흔하고 가벼운 소재의 그릇이 아니어서, 그릇 놓는 소리가 안 거슬려서, 짬뽕 특유의 중식 냄새가 덜해서 다행이다. 언뜻언뜻 들깨 향이 훈감하다. 그가 나에게 어서 먹기를 권하며 말을 잇는다.

대개는 그러지 않는가. 개인이든 단체이든 관계를 위태하게 하는 틈은 기실 그런 틈만큼이나 미미하고 소소하고 시시한 일일 때가 더 많은 것. 그러려니 처리했던 미미한 일, 다수의 의견으로 늘 그래 왔던 소소한 일, 검증 없이 힘센 쪽을 편들고 말았던 시시한 일들이 어느 순간 어느 한쪽을 서운하고 서운하게 하다가는 노엽게 만들어 버린 그것이다. 노여움은 점점 세를 불린다. 후벼서 비집어 벌어진 틈을 만든다. 틈은 더 이상 덮어 두지 못할 막다른 상황에 이르고 만다.

그러니 지금 내 앞에 앉은 그를 두고 누구든 섣불리 옳고 그름을 말해선 안 된다. 옳다 그르다 가리는 것은 들깨 한 톨만큼의 도움도 안 된다. 소용없다. 한편이어야만 한다. 이해한다는 것으로도 부족하다. 이해한다는 말은 애매한 앞가림일 뿐이다. 그를 거드는 내 말도 필시 그러하리라. 만 가지 언어가 다 무용한 순간이다. 나는 두 손으로 큼지막한 그릇을 들어 국물을 마시며 잠깐, 애매함으로 민망해진 얼굴을 가렸다.

나는 안다. 내 편이라 여겼다가 내 편이 아닌 것을 알았을 때의 낭패감 이윽고 허망함을. 나는 그랬다. 오랜 사이든 풋낯이든, 안이든 바깥이든, 머뭇머뭇하던 마음을 싹 거둬들였다. 용납의 한계 앞에서 냉정해진 나를 발견했다. 뒤돌아 보이는 것들이 억울하기도 했지만 그때 그 순간의 내 불안정과 미숙함과 소홀함을 다 인정했다. 더 이상의 감정 소모를 피했다. 그러다 머잖은 날에 문득 강해져 있는 나를 알았다. 다행인지 새롭게 화해하는 법을 습득했다. 화해란 남북정상처럼 그렇게 요란하게 만나 악수하는 것만이 아니다. 나는 오히려 침묵이라는 맞춤한 도구를 택했다. 나만의 이기적인 화해를 익혀갔다.

되새김질하지 않는 것. 담아두지 않는 것. 삭제해 가는 것. 여의치 못하다면 그 자리를 피하는 것. 그럼에도 여의찮으면 어쩔 수 없이 다시 안 보는 것. 이후에도 쭉 들깨이든 짬뽕이든 여럿의 기호 사이에서 편 가를 일 없이 서운할 일 없이 억울할 일 없이 살 수 없음이야 여전하겠지만, 남은 인연 남은 시간은 원래부터의 내 성정인 양하며 깜냥으로 살피고 어우르며 살아내는 것.

들깨짬뽕이 반 넘어 줄었다. 그를 이해한다는 듯 숙연히 듣고 있는 자신이 추레했다. 애매하다 탓하던 짬뽕 국물이 된 기분이다. 뭔가를 해야 하는데 할 수 없는 것, 긍정이든 부정이든 그것은 이다음의 관계에 파장을 일으킬 것이다. 나에게도 그에게도 흔적을 남길 것이다. 내가 할 일은 조금 떨어진 가장자리로 비켜서서 한가운데를 투시할 방도를 구할 뿐이나 그가 어찌할지는 잘 모르겠다. 어쩌면 어느 때 어디에서 먼젓자리에 앉는 일을 궁구할지도. 다만 얼마 동안은 둘이 이렇게 마주 앉아 식사는 하지 못할 거라는 예감 때문이었을까. 들깨짬뽕 한 그릇을 다 비웠다.

돌아오는 길은 멀게만 느껴지고 들깨짬뽕도 그도 자꾸 머들거린다.

阿Q와 첫눈과 나

《阿Q 정전》을 읽다가 첫눈이 내린다는 전갈을 받고 커튼을 걷었다. 뿌연 하늘에 눈발이 흩날린다. 흐린 허공에서 제멋에 겨워 춤을 춘다. 아무렴 첫눈이다. 이 도시에 오래 살면서 저런 풍경을 본 적이 얼마 만인가. 짐작건대 올해 끝 눈이 될지도 모를 눈발의 춤사위를 따라 내 마음도 일렁인다. 오늘은 꼭 하고 싶었던 오래된 이야기를 꺼내려 한다. 阿Q를 만나고 첫눈이 내리는 드문 날이다.

편안하다 편안하다 긴 최면에서 깨던 날에 阿Q가 되어있는 나를 만났다. 참 얄궂은 현상이 일었다. 분노는 놀랄 만큼이나 잠깐이었다. 분노의 근원을 보았기 때문이다. 배후에 도사린 부당함을 알았기 때문이다. 내 싸늘해진 온기를 감지했기 때문이다. 분노가 사라진 자리에 찐득한 미움이 밀물처럼 쏴 하고 차왔다. 오래지 않아 든물처럼 망망했던 미움도 물때를 따라 빠져나갔다. 허무만이 남아 그 표독한 헤살을 부릴 뿐이다. 유사가 없는 허무는 늦은 깨달음처럼 완벽했다. 어떤 배려도 없이 정직했다. 움푹하게 골을 팠다. 가없었다. 마침내는 온기 다 식은 뒷모습을 보이며 다시 열지 않을 방문을 닫고 심저 더 바닥에다 사기史記처럼 기록했다.

오래 창밖을 본다. 무정한 겨울 왜바람을 따라 이리저리 눈발이 흩날린다. 신해혁명 그 격변의 시절을 따라 분간 모르고 휘둘렸던 阿Q처럼 정한 길 없이 흩날리는 눈발을 따라 내 미움도 허무도 휘청거린다. 미움의 본체는 무엇인가. 그 끝은 어디인가. 얼마나 구차한가. 좀 누추한가. 따지고 보면 누구를 향하여 미움을 품을 하등의 권리가 내겐 없다. 날 때부터 그러했다.

노래 가사처럼 너나없이 사랑받기 위해 태어난 까닭 아니던가. 기어이 늙고 병들어 죽어갈 것을. 내 눈가의 주름이 너의 눈가 주름이며, 미처 감추지 못해 비집고 나온 너의 흰머리는 염색하기 전 어제 나의 흰머리인 것을. 내가 자유를 갈망하는 사유의 전부가 응당 너에게도 허락된 것이며, 박제되어있는 내 허무의 얼마만큼도 너의 몫일 테니. 날깃날깃 홑겹이 되어버린 마음 자락을 여민다.

더 오래 창밖을 본다. 세차게 휘몰아치던 눈발이 그만 지친 듯 낙하하더니 저 아래 동천의 드러난 바닥에 발 디딜 곳을 찾아 몸을 옹크렸다. 이윽고 조용해진 눈발을 보며 나도 그만 나의 소요를 가라앉힌다. 가만가만. 길이 잘 난 나의 터에다 마무리 미완인 내 생을 뉘여야 하리.

오래 지녀 묵고 익은 것들을 꺼내어 손봐두어야 하리. 공쑢으로 산화한 그 많은 언어에 속죄라도 하듯 묵묵해야 하리. 산다는 것의 코어core가 덤덤함이라는 것을 마저 익혀야 하리. 그대들의 공존에는 거리를 두라. 천공의 바람이 그대들 사이에서 춤추도록…. 칼릴 지브란이 진작에 했던 말을 다시 매매 새겨야 하리.

광목 등거리에다 알 수 없는 검은 글씨를 새긴 채 죽어간 阿Q처럼, 저기 드러난 동천 찬 바닥에서 녹아 소멸하는 눈발처럼, 한밤의 불 꺼진 방 캄캄한 어둠과도 흡사했을 내 허무가 처형되기를. 남은 생은 갈 곳 몰라 흩날리는 저 눈발 같지는 않기를. 阿Q가 아니기를. 부디 그러하기를. 사랑받기에 마땅한 나의 생을 꼭 끌어안는다.

> 그리고 당신, 당신을 인간으로서의 의무를 다하지 않았다는 이유로 고발합니다. 사랑을 스쳐 지나가게 한 죄, 행복해야 할 의무를 소홀히 한 죄, 핑계와 체념으로 살아온 죄로 당신을 고발합니다. 당신에게는 사형을 선고해야 마땅하지만 고독형을 선고합니다.
> － 《브람스를 좋아하세요》에서

《阿Q 정전》을 읽는데 첫눈이 내리고 나는 세상의 모든 당신에게 안부를 묻는다. 어쩌면 우리는 모두 누군가의 당신이다.

힘세고 부지런한 사내

밭에 풀을 매다가 돌아보면 그새 자란 풀이 뒤를 쫓아오고 있어요.

밭일하다가 온 남자의 어투에는 아무런 장식이 없다. 남자를 처음 본 그때부터 한결같이 담백하다. 굳이 대답을 요구하지도 않는다. 그렇다고 혼잣말을 하는 것은 아니다. 만날 때마다 흡족할 만한 대화를 나눈다. 달리 고급스러운 대화가 필요한 것은 아니다. 그 앞에서 그냥 웃기만 해도 되고, 편하고 익숙한 말로 맞장구를 치거나 말도 안 된다며 손사래를 쳐도 된다. 대답할 마땅한 말을 떠올리려고 애쓰지 않아도, 머릿속으로 할 말과 가릴 말을 헤아리는 수고를 따로 하지 않아도 되는 것이다. 말이 가지는 부담을 덜어내는 편안함이다. 말이 번지는 파장으로부터 안심시켜 준다는 의미이다. 얽히고설키는 인간관계에서 말의 역할이 오죽 상당함을 알기 때문이다. 당연히 다음 만남을 기약한다.

슬쩍 눈이 가는 남자의 목덜미와 팔뚝이 햇볕에 그을려 검다. 팔놀림을 따라 움직이는 힘줄들, 피트니스센터에서 끄집어 만든 근육과 달랐다. 거짓 없는 힘살이다. 오랜 시간 성실함이 만들어낸 정직한 삶의 혈맥이다. 그 혈맥을 따라 염려와 기도로 그느른 남자의 가솔이 그려진다. 그렇다고 남자가 날마다 밭일만 하는 것은 아니다. 태어날 때부터 땅 일꾼인 양하다가도 어느 때는 양복으로 말쑥하게 차려입고, 자동차로 한 시간 넘도록 달려간 대학에서 강의하고 다시 밭으로 돌아온다. 기어코 이전의 그가 누구였는지 궁금해지는 이 남자.

나이 듦으로 알게 되는 또 한 가지는, 젊은 날 그토록 따지고 잴 것 많던 남자의 멋들이 궁극에는 기껏 한두 가지로 국한된다는 것이다. 그저 힘세고 부지런한 남자로만 말이다. 남자들은 어떨까? 저잣거리의 우스개에는 연령대를 무론하고 '예쁜 여자' 딱 하나라고는 한다더라마는.

학생 때이다. 미팅은 키 180cm 본과 삼 학년 이상으로만 조건을 다는 친구가 있었다. 강의 때마다 명품 머플러를 두르고 서울말을 쓰는 교수가 우리 몇몇을 집으로 초대했다. 당시 삼익 쌀통 상표 때문에 쌀통 아파트라 불리던, 그때나 지금이나 부촌인 광안리 바닷가에 처음 지은 아파트였다. 외국 영화에서나 볼만한 풍경에 내 눈은 휘둥그레지기 바빴건만, 집이 성냥갑만 하네. 그렇게 말하는 친구도 있었다. 딱 한 가지 못생겼다는 이유로 날마다 교문 앞에서 기다리는 남자를 끝내 돌려보내는 친구도 있었다. 그러던 날의 나는 옛날 다방 레지에게 반말하는 남자에게서 돌아섰고, 맞춤법이 틀린 연애편지를 받고 갈등했고, 겨울날 코트 주머니 속에서 잡은 그 남자의 찬 손 때문에 가슴까지 냉기가 서리곤 했다. 그러니 내 젊은 날 연애는 다 때려치운 역사뿐이다. 따지고 잰 그대로 딱 들어맞았는지는 알 수 없어도 의사의 아내가 된 친구도 있고, 진짜 부잣집으로 시집간 친구도 있고, 한 친구의 결혼식장에서는 잘생긴 신랑을 두고 웅성대는 소리도 들었다.

궁금한 이 남자, 도시에 살며 대기업의 유능한 일꾼으로 해외를 일터 삼아 나다니던 그가 별안간 귀촌하여 힘줄 툭 불거진 팔뚝을 그을리며 부지런히 밭을 일군다. 시골에서 자란 나는 밭두렁만 봐도 대번에 부지런한 주인을 알아본다. 볼 때마다 야물게 매무시한 두렁, 이제 막 돋아난 잔풀 사이로 흙조차도 뽀송한 이랑을 보노라면 풀 뽑은 지가 엊그제였음을 금방 안다. 남자의 손질 잦은 밭에서 눈치 안 보고 씩씩하게 잘 자란 풋것들을 한 보따리 싸 들고 귀향길에 올랐다. 늦봄은 이미 여름이다. 사방 푸름이 좋다. 분명 이전에 없던 허전함까지 섞여 심상이 촉촉하다.

이 나들이의 동행이었던 그녀가 그립다. 쉬이 숨죽지 않는 남새 풋것 같은 그리움이 턱없다. 함께 풀섶을 헤저으며 머위

이파리를 땄던 그녀였다. 반문 없이 내 군말을 들어주던 손위 시누이였다. 그런 그녀가 무엇 품어 간직할 작별의식 하나 없이 허망하게 떠나버렸다. 죽음이 그런 것이거늘. 한 인연을 떠나보내고도 잠잠해지기까지는 인연의 길이 꼭 그만큼의 시간을 더 보내야만 할는지 아직은 모른다. 적어도 이곳을 다녀가는 동안만은 그녀와의 이별을 유예할 뿐이다.

생전의 박경리 소설가에게 한 독자가 물었다.

다시 태어나면 무엇이 되고 싶습니까?

노작가는 글 쓰는 힘든 일은 안 할 것이라며 이렇게 답했다.

힘세고 부지런한 사내를 만나 산골에서 농사를 지으며 살고 싶다.

그 자리에 있었던 한 독자가 집으로 돌아가면서 노작가가 한 말을 생각하며 눈물을 흘렸다는 글을 어디에선가 읽었다. 나중에 노작가는 이 이야기를 시로 적었다.

모진 세월에 사마천을 생각하며 살았다는, 평생토록 소설 쓰기의 자장 안에서 고단했던 노작가가 다시 태어나면 꿈꾸었을 삶을, 내 시뉘는 이생에서 누리며 사는구나 그리 싶다. 궁극의 남자 힘세고 부지런한 사내, 거기다가 그 말의 중의적인 멋까지 마저 헤아려 지닌 사내라면, 그런 남자와 살면, 한생전 그만하면 되었소.

56년생이 86년생에게

 교보문고가 말 그대로 집에서 몇 발짝 거리에 있는 것은 내가 가진 몇몇 엄청스러운 복 중의 하나이다. 밖으로 나가고는 싶으나 마땅히 갈 데를 정하지 못한 그런 날에, 달리 할 일 없이 나작거리다가 소파에 앉은 채 깜빡 낮잠이나 들 그런 날에, 찰기 없는 붓방아질에 지레 지쳐 얼른 컴퓨터 전원을 꺼버리는 그런 날에는 무슨 목적이 없으니 부산할 것도 달리 차릴 것도 없이 그곳에 간다. 한나절을 족히 보낸다. 간서치도 아닌 내가 그 시간 동안 어찌 책만 보고 있겠는가. 문고가 文庫만이 아닌 것을 그곳에서 알았다. 시계를 샀고 문구를 샀고 에코백도 샀고 커피도 마셨다. 아무렴 온갖 분야의 책들을 훑어보고 뒤적거려 보는 재미보다 나을까마는. 이 책들을 내 젊은 시절에 읽었어야만 했다. 그랬다면 시방 내 글쓰기의 방향이 상당히 달라졌을 것을. 아쉽다.

아무래도 책은 제목이 눈에 확 띄어야만 한다. 《저도 남의 집 귀한 딸인데요》 한눈에도 장정이 허접하고 저자도 익명인 책의 가격이 만 삼천팔백 원이다. 습관처럼 비슷한 가격의 수필집들과 비교하고는 속이 좀 상했다. 글 쓰는 외로움과 고통을 혼자 감내하며 몇 년씩이나 쓴 글들을 엮어 책을 내는 수필가들을 떠올렸다. 버젓하게 서점에 내놓지도 못하고 인터넷으로만 판매되는 수필집들이 짠했다. 단지 내 며느리가 86년생이라는 이유만으로 책값을 치르며 내게 공짜로 책을 보내준 작가들에게 죄송했다.

저자는 86년생 범띠 며느리이다. 아가라고 부르는 시어머니의 호칭이 언제부터인지 악아惡兒로 들리기 시작하여 아예 필명을 '악아'로 쓴다. 시집의 제삿날에는 도대체 나는 조상에게 뭘 그렇게 밉보였기에 남의 집 제사에 소환당해 삼색나물을 벗 삼아 밤을 새워야 하나. 굿이라도 한판 벌여 따지고 싶다. 명절에는 이틀 내내 설거지 독박을 쓰자 일당을 받지 못하면 노동청에 신고할 것만 같아 고무장갑을 벗어 던지며 말한다. 엄마가 기다리셔서 친정에 가야 해요. 그런 그녀가 책 말미에 적은 글이 짱 야무지다. 며느리의 감내가 잠시나마의 평화를 만들 수는 있으나 오래가지는 않는다. 언젠가는 곪아 터진다. 인내가 미덕인 시대는 호모 사피엔스 시대에 끝났다는.

전에 베스트셀러인 《82년생 김지영》 소설을 읽고 영화도 관람했다. 소설을 읽으면서 김지영에 투사했고 영화를 보면서 눈물을 흘릴 뻔했다. 그것은 56년생인 나의 이야기였다. 나는 82년생을 위해 아무것도 바꿔주지 않은 채 무지로만 산 것 같아 미안했다. 하기사 여느 56년생인들 어찌했으랴. 잔 다르크도 체 게바라도 김영란도 아닌 담에야.

여학교 때 그 지리 선생님은 S 대학 출신이라며 하도 잘난 척을 하여 별명이 척순이다. "척 선생님."하고 부르면 "어."하고 대답했다. 지금도 맬서스 《인구론》에 대한 척 선생님의 명강의를 기억한다. 피요르드 해안을 얼마나 생생하게 설명했던지 북유럽에 갔을 때는 마치 어제 지리 수업을 듣고 온 듯도 했다. 척 선생님은 우리의 미래에 대해서 척하며 점을 쳤다.

"너희들은 베이비 붐 세대이다. 너희들의 신랑감은 전쟁 중에 다 죽었다. 너희 또래 남자들은 너희보다 서너 살 아래와 결혼한다. 그러니 못생긴 너희들은 시집가는 거 일찌감치 포기하고 직업을 가져야 한다. 교대 사범대 의대 약대 간호대만이 살길이다."

얼굴까지 예쁜 부잣집 친구들은 비행기를 타고 서울을 오르내리며 음악대학도 가고 미술대학도 갔지만 나처럼 못생긴 친구들은 죄다 척 선생님의 주술에 걸렸는지 모르겠다. 만나는 여학교 친구들이 교사, 약사, 간호사… 이니. 다행인지 다 시집은 갔다.

용케 서른을 안 넘기고 전쟁 중에도 안 죽고 살아남은 남자와 결혼했다. 두어 살 되었을까마는 어린 나이에도 전쟁을 치른 남자는 달랐다. 사는 게 전투였다. 전쟁은 본 적도 없이 햇살 따뜻한 남쪽에서 나고 자란 나는 애초에 전의 같은 걸 알지 못했다. 시집살이는 백전이면 백패였다. 제사는 안 지냈으나 명절에는 내 심장의 어름에다 칼금 긋는 말을 듣곤 했다. "장모 없는 처갓집에 가면 앉을 데 설 데도 없느니라."

그즈음 56년생인 내가 잠을 아껴가며 일했던 으뜸의 이유는 아들들을 잘 키우는 것이었고, 대단한 철학도 세계관도 없는 내가 잘 키운다는 것은 기껏 좋은 대학에 보내는 것이었다. 아들은 수능 전에 문과로 전향했는데 문제는 사회탐구였다. 나는 마땅히 고액 과외를 준비했고 아들은 기어이 과외비를 따지며 마다했다. 니 돈이가! 엄마 돈이다. 언어 수리 외국어가 1등급이어도 사탐 4등급을 SKY라는 곳에서 안 받았다. 그 모든 게 운명인 게지. 깍쟁이 아들은 같은 대학에서 짝을 만난다. 86년생 며느리는 나의 명품이다. 내가 가진 몇몇 엄청스러운 복 중의 또 하나이다. 밥벌이도 정해지지 않았던 내 아들에게 시집온 지 삼 년 여전히 고맙다.

며칠째 세탁기 세제가 떨어져 빨래를 못 하고 있다. 마트에 가면 거짓말처럼 세제만 딱 빼고 산다. 오후 한 시에 만나 한가한 점심을 먹자는 약속을 오전 열한 시로 알고 나갔다. 내 손에서 잘 놀던 다리미에 어쭙잖게 데고 아끼던 캐시미어 스웨터를 어디에다 두었는지 찾을 수가 없다. 당연한 낱말이 당최 떠오르지 않아서 그다음 대화를 잇지 못했다. 다 챙겨서 나설 참에 깜빡 다른 일에 빠져 강의를 잊어버리고는 전화를 받고서야 놀라 콜택시를 불렀던 적도 있다. 이제 56년생이 그럴 나이이다.

방금까지의 무탈함을 두리번거려 감사하고 몇 발짝 거리의 교보문고에 들락거리며 절창의 꿈이야 벌써 접었지만 그런저런 수필 한 편을 쓰면서 그리 아프지도 고프지도 않을 일상을 누리고 먹은 나잇살만큼 수긋하게 제값을 해내기만 바라는 끝물 나이의 나는 56년생이다.

86년생 며느리에게, 행여 앙금 생길라 내 앞에서 참지 말거라. 이 좋은 세상에 남의 집 귀한 딸로 자라 뭘 참는단 말이냐. 소소한 모든 것은 내가 참으마. 이미 나는 참는 게 능구能久 같으니.

우리의 매력 중 하나는 나이

 좋다. 그대들과 나, 오늘 밤이 그러하다. 이곳 파라다이스 이름까지도 그렇다. 근심 걱정 없는 곳이라니. 구족한 L은 예나 지금이나 우아하다. 명품이 어울린다. 그녀가 명품이다. 오늘 밤만은 까칠한 나조차도 포시럽다. 나는 특별한 날 아이새도를 칠하곤 하는데 오늘이 그런 날이다. 교장 선생님이었던 J는 둘 사이의 침묵을 어르느라 분주하다. 일부러 생일날에 남편이 선물했다며 목걸이를 자랑한다. 선드러지는 그녀가 오늘따라 돋보인다.
 알맞게 깊어가는 이 계절이 좋다. 지금쯤 고향 집 곡간은 가을한 것들로 가득할 것이다. 두툼한 스테이크는 가운데가 불그스름하다. 서툴지 않은 칼질이지만 말도 잘 듣는다. 육즙이 입안에 고였다가 흔감하게 목으로 넘어간다. 에스프레소와 함께 따로 뜨거운 물을 담아내는 바리스타는 잘생기고 상냥했다. 뜨거우니 조심하세요.

 건너편 테이블에 젊은 부부와 어린 딸 둘이 있다. 서너 살쯤 되었을까. 자꾸 눈이 간다. 나도 이제 할머니가 되었다. 록사가 저만큼 크면 이곳에 데리고 와야지. 그 아이는 정말 사랑스러울 것이다. 생각만으로도 흐뭇해진다.

 창밖으로 해운대의 밤바다가 얼비친다. 유리창이 대형 그림 액자 같다. 가끔 그러하듯이 거실 한쪽 벽에 복제품이 아닌 삼십 호쯤 되는 진짜 그림을 거는 상상을 한다. 화가의 아내인 최영애 수필가는 우리 아파트의 한 입주민이 남편 그림을 소장하고 있다 했다. 그림 값이 상당할 것이다. 잠시 J가 자리를 비운 사이 L이 먼저 말을 건넨다.

 "마치 어제 만난 것처럼 편안하군요."

 오늘 밤을 위해 먼저 손을 내민 쪽도 그녀였다. 듬쑥함으로 줄을 세우자면 그녀는 내 앞줄 그 앞줄의 앞줄에 있다.

 "지난날들이 그리웠어요."

 나는 그녀의 눈을 보며 말해놓고는 좀 머쓱했다. 심중의 말인 것을 몰라준다 해도 괜찮다. 둘이 말을 잃어버린 것처럼 침묵하다가 이렇게 다시 말을 찾아서 잇는 것은 맡겨진 생이 서로 잠깐 아렸던 탓이다. 사연이 무엇이었든 매몰찬 생 하나가 던진 돌팔매에 야무지게 맞은 까닭이다. 눈곱만큼도 그간의 소원함을 내색하지 않는 것은 못내 서로 그리웠던 때문이다. 그 모든 이유 앞에 비겁하지 않은 나이가 고맙다.

햇수로 꼽자니 다섯 해가 지났다. 다섯 해 그전까지 우리는 같은 교회에 다녔다. 함께 예배하고 기도하며 봉사의 기쁨을 공유하고 장차의 소망을 나누었다. 일상의 우선순위는 바르고 단정하며 영성은 충만했다. 그러던 그해였다. 교회의 느닷없는 소용돌이에 마구 휘둘렸던 날들. 무성한 말들. 무정한 말들. 우리 사이에 빙열이 생겼다. 걷잡을 수 없이 번진 빙열은 기어이 모든 관계를 조각내었다. L이 교회를 떠났다. 남아있는 나는 오랫동안 시도 때도 없이 도지는 어지럼증을 앓았다. J와도 소원해졌다. 습관이던 우선순위는 비꾸러지고 교회를 위한 열정은 매가리를 잃었다. 떠나고 싶었으나 떠날 수가 없었다.

나에게는 한 번 교회를 떠나온 경험이 있다. 작은 교회였다. 목사님은 군주처럼 지엄했고 성도들은 어질었다. 한 성도가 담임목사의 눈에 났다. 영성은 두었으나 품격은 버렸는지 담임목사는 공회에서 대놓고 그를 험담했다.

"박사? 내가 파리 뒷달가지를 연구하는 박사를 아는데 평생 파리 뒷달가지만 붙들고 살아서 아는 기라고는 파리 뒷달가지뿐이라요."

웅성웅성 성도들이 그에게 물었다.

"혹시 곤충 연구하세요?"

속이 너그럽지 못한 나는 파리 뒷다리에 멀미를 했다. 그렇게 그 교회를 떠나왔다. 다섯 해 전에 떠난 L은 터 좋은 곳에다 전원교회를 개척했다. 봄이 되면 어깨에 얹힌 벚꽃잎을 털며 예배당으로 들어가고, 예배가 끝나고 이번에는 머리에 벚꽃비를 맞으며 집으로 간다고 한다.

  오늘 밤 뚝 분질러진 채 그대로인 우리의 시간을 이어붙인다. 불편하고 스산했던 그간의 궤적들을 살푼 지르밟는다. 가을 국화를 뜯어 흩뿌린 듯 은행잎이 떨어져 가만 앉은 듯 한별 시간의 이음매를 노랗게 덮는다. 문득 메릴스트립 주연의 영화 《사랑은 너무 복잡해》의 대사 하나가 떠올랐다. 당신의 매력 중 하나는 나이예요. 그래, 오늘 밤에는 나이까지 좋다. 우리에게 또 하나 매력이 늘었다.

침묵

 때로는 침묵이 말보다 더한 질책이 된다. 그날의 그들이 그랬다. 분명 내 수필집을 읽었을 것이나 더는 아무 말을 안 했다. 새무룩한 표정만이 한눈에 읽혔다. 그들의 침묵을 보고도 전혀 아무렇지 않았다면 순 거짓말이다. 한동안은 그날의 어색했던 기류가 불뚝불뚝 떠올라 마음이 편치 않았다. 터분하고 또한 오래 서운했다. 이렇게 심혼이 살난스러울 때는 자동차를 몰고 팽하니 밖으로 나가거나 옛 시골집 장판지처럼 누렇게 변색한 책들을 꺼내 본다. 나는 후자를 택했다.

 이순원 소설가는 가족사를 담은 『수색, 그 물빛 무늬』를 내고 잠시 아버지와 불편했던 마음을 『아들과 함께 걷는 길』에 적었다. 어디선가 읽었던 신달자 시인의 글도 아슴하다. 하도 시어머니 흉을 글로 써서 천둥 번개 치는 밤이면 벼락이라도 맞을까 밖에 나가기가 두려웠다고 쓴.

때마침 배달된 수필 문예지를 읽다가 한 작가의 글에 눈이 멈췄다.

'생전에 며느리와 사이가 좋지 않던 문우 친정어머니가 돌아가시면서 서랍에 일기장을 남겼다. 며느리에 대한 불만을 기록한 것 같아 일기장을 읽지 않고 간직했단다. 말년에는 건강이 좋지 않아 일기장을 불에 태웠다고 한다. 처음에는 그 얘기를 듣고 의아한 생각이 들었다. 그래도 그렇지, 따님이 무슨 내용인지 알아야 하지 않을까? 뒤늦게 깨달았다. 문우의 생각이 지혜로웠다. 공연히 집안에 분란을 일으키기 싫었던 게다.'

쿵, 십자가에 매달린 예수님의 손에다 못 박는 소리를 듣는다면 이럴까. 글을 읽다 말고 두 팔을 엇걸어 가슴을 안아서라도 우둔거리는 심장을 붙들어야만 했다. 보도시 숨쉬기가 찬찬해졌다. 내가 쓴 글들이 다 서느렇다. 며느리인 나에게는 소창했던 글이 딸인 그들에게는 우비는 글이 되었음이다. 이미 모녀간에는 좋았던 기억만 편집하고 나머지는 다 폐기했을 게 당연한 것을 굳이 이르집어서 탈을 만들 일이야. 그들과의 추억을 떠올리자면 정말이지 트로트 가사 그대로이다. 나쁜 날보다 좋은 날들이 왜 그리도 많고 많은지. 어쩌면 그들의 침묵은 나에 대한 예우였는지도 모른다. 나의 울결을 위로한다고 여기던 글쓰기가 또한 나의 매욱스러움을 엄히 나무란다. 삶의 지혜가 뭉근한 그 수필가의 글을 내 수필 쓰기의 전범에

추가할 일이다.

본디 인간의 기억이란 불확실하기가 더 쉽다. 좋든 궂든 개인의 감정을 포장한 것으로 얼마든지 각색하고 편집할 수 있다. 그러니 사람마다 각각 다른 판본이 존재한다. 심리학에서는 기억의 구조와 회로가 스키마schema형태로 입력 저장되기 때문에 이들의 변형으로 인한 기억의 왜곡현상이 생긴다고 한다. '라쇼몽 효과'란 말도 있지 않은가.

『라쇼몽羅生門』은 아쿠타카와 류노스케의 소설이며 명장 구로사와 아키라가 영화로 만들어 더 유명하다. 사무라이 부부가 숲길을 지나던 중 도적을 만나 아내는 겁탈당하고 사무라이는 죽임을 당한 사건에 대하여 제각각 그 진술이 다르다. 도적은, 자신이 무사 남편을 살해한 것은 맞지만 무사 아내의 요구 때문이었다고 한다. 사무라이 부인은, 도적이 사라진 후 남편의 눈빛에서 자신을 향한 경멸을 느껴 찔러 죽였다고 한다. 영매사가 말하기를, 사무라이는 아내가 강도에게 같이 도망치자고 해서 치욕감에 자살했다고 한다. 사건을 신고했던 나무꾼은, 사무라이의 아내가 남편과 강도 모두에게 남자답지 못하다고 모욕하자 남편이 도적과 결투하다 죽었다고 말한다.

그리하여 라쇼몽 효과란 한 사건을 두고 서로 다른 입장에서 해석하고 인식하는 현상을 이르는 말로, 자신이 기억하고 싶은 것만 골라서 기억한다는 취사선택 기억의 의미로도 쓰인다.

아무려면 내 기억은 다만 나의 것, 내 시간의 축적이고 내 존재의 해석일 뿐 그들과의 공유는 애초부터 불가능했다. 이미 지나간 궂은날들을 가위로 오려낼 수도 없는 것, 한 번 힐끗 뒤돌아본 뒤에는 휘발성 없는 글로라도 마저 침묵할 일이다.

'사람들은 기억을 왜곡하고 재구성하지 않으면 견딜 수 없을 것이다. 기억이 불완전할수록 행복해질 수 있는 것은 불편한 진실이다.'

어디선가 읽은 글이다. 글을 옮겨적는 내 기억은 확실한지.

핏줄

 갓 태어난 손녀는 첫눈에 제 어미를 닮았다. 며칠 후에는 반드러운 얼굴선이며 아이한테서도 보이는 함초롬한 분위기가 제 외할머니까지 닮아있다. 소위 외탁을 한 것이다. 나는 거짓 없이 흡족했다.
 딱히 밉단 말을 들은 기억은 없지만 처진 눈, 툭진 볼살, 짱구와 곱슬머리의 내 얼굴이 내 맘에 안 들었다. 거기다가 쓸데없이 튼튼한 다리통도 영 못마땅했다. 큰아들이 그만 나를 닮았다. 예닐곱 살이었나. 아들을 목욕시키던 남편이 너 꼭 엄마 닮았다고 하니 "아빠, 엄마를 목욕시켜 봤어요?" 하더란다. 막연히 나오는 다른 생김새에 호감이 가곤 했다. 그러니 외까풀의 가늘가늘 초강초강한 며느리가 내 맘에 든 것은 당연하다.
 못 본 사이 훌쩍 자란 손녀는 낯이 선 할머니 앞에서 잠시

쭈뼛거렸으나 이내 표정을 풀고 안겨 왔다. 살빛 뽀얀 아이가 품에 아름지니 아이의 온기가 번져 훔훔하다. 까마득히 잊고 있던 아기 냄새 젖 냄새에 숨조차 가빠온다. 갓맑은 손녀의 눈과 마주쳤다. 툭, 심장이 제자리 뜀뛰기를 하더니 바삐 피돌기를 한다. 별안간에 뜬금없는 짠함이 함께 혈관을 타고 전신으로 번진다. 딱, 제 아비 눈이 저랬다. 눈꼬리 처진 짝짝이 눈 안의 찰랑한 장난기까지도. 눈망울은 하도 똘망하여 큰 눈은 더 짝짝이로 보였다. 너 짝짝이 눈이네. 누가 마음에 두어한 말은 아니지만 아들은 그 말이 싫었던 모양이다. 제발 한쪽 눈 쌍꺼풀을 풀어 달라 떼를 쓰곤 했다. 여기쯤에서 들먹이자면 그 나이 때의 내 눈도 짝짝이였다.

유년의 나는 예쁘다는 말 대신에 딴말을 더 들었던 것 같다. 예쁘다는 말이 고팠던 탓일까. 외모에 관한 몇몇 일화는 방금인 양 생생하다. 짱구와 곱슬머리 그리고 짝짝이 눈 때문이었다. 언니들은 내 머리를 빗겨줄 때마다 뒤통수를 쥐어박았다. 가르마가 반듯하지도 않고 머리를 묶어도 태가 안 난다는 것이다. 여자애는 꼭뒤가 납작해야 쌍갈래 머리가 예쁜 시절이었다.

"튀기같이 생겼네." 심부름이었던지 한날 교무실에 간 나를 보고 그렇게 말했던 선생님의 이름까지 기억난다. 오빠한테서 튀기의 말뜻을 들은 엄마는 당장 달려가서 멱살이라도 잡을 기세였다. "선생이 애한테 무슨 그런 말을 하느냐!" 행여 그 선생님을 또 마주칠까 겁났다. 내 짝짝이 눈은 중학교 때 흑백

사진이 마지막 기록이다. 막 멋을 내기 시작한 언니가 짝짝이 눈의 외까풀에다 스카치테이프를 오려 붙여서 쌍꺼풀을 만들었다. 아침에 눈 뜨자마자 붙이던지 아예 붙여서 재우기도 했다. 어느 날부터는 테이프를 붙이지 않아도 쌍꺼풀이 되었다. 거짓말처럼 그때부터 내 눈은 쌍꺼풀진 눈이다.

  얽둑배기 왼손잡이인 허생원은 단 한 번의 첫 일을 잊을 수는 없다. 뒤에도 처음에도 없는 괴이한 인연이었다.
  어머니는 달도 차지 않은 아이를 낳고 집에서 쫓겨났죠.
  그래, 모친은 아비를 찾지는 않는 눈치지?
  늘 한번 만나고 싶다고는 하는데요.
  동이의 탐탁한 등어리가 뼈에 사무쳐 따뜻하다. 좀 더 업혔으면 하였다.
  오랫동안 어둑시니같이 눈이 어둡던 허생원도 요번만은 동이의 왼손잡이가 눈에 띄지 않을 수 없었다.

  M은 어린애를 왼편 팔로 가까이 옮겨 붙안으면서 오른 팔로 제 양말을 벗었습니다.
  내 발가락 보게.
  내 발가락은 남의 발가락과 달라서 가운데 발가락이 그 중 길어.
  쉽지 않은 발가락이야. 근데….
  M은 강보를 들치고 어린애의 발을 가만히 꺼내어 놓았

습니다.
 이놈의 발가락 보게. 꼭 내 발가락 아닌가. 닮았거든….

 새삼스럽게 가즈러운 척 핏줄을 논하기야 하겠느냐마는 핏줄이란 때로 그렇게 절박한 것이다. 『메밀꽃 필 무렵』의 허생원이 자신의 아이 하나 후릴 수 없는 왼손잡이를 닮은 동이에게서 핏줄을 느끼고는 걸음도 해깝았던 것처럼. 『발가락이 닮았다』의 M이 의사 앞에서 양말을 벗고는 기어이 발가락 닮은 것을 증명해 보이는 것처럼. 내가 손녀의 짝짝이 눈과 마주하는 순간의 뜬금없는 짠함도 핏줄에 대한 또 한 가지 절박한 공감이다. 그 공감이 하필이면 짠함인지.
 최근에 류근 시인의 『상처적 체질』 시집을 받아 들고는 전율했다. 상처는 내가 바라보는 세월이라며 위태했던 나의 성정에다 단 한 줄로 정의를 내려버린 시인의 말이다. 아주 오랫동안 정체를 숨겨왔던 마침한 말이다. 내 아들과 내 손녀의 짝짝이 눈에서 나와 잇대진 상처적 체질이 어룽거린 것이다. 덧나다 아물다 옹이라도 질까 그런 상처가 알른거린 탓이다. 실체도 없는 상처와 대면하는 짠함이 혈관을 타고 전신으로 번진 까닭이다. 이렇듯 감당 못 할 짠함이야말로 핏줄에 대한 나의 은유이리라.

한 끼의 미학

 질긴 역병은 해를 넘겨도 수그러들 기미를 안 보인다. 여전히 TV 앞에 앉아 옛날 영화를 찾아보는 날만 많다. 《바베트의 만찬》은 '이자크 디네센'의 동명 소설이 원작인 덴마크 영화이다. 나는 《아웃 오브 아프리카》를 통해 작가를 알았는데 작가의 실명 '카렌 블릭센'을 그대로 쓴 그 영화를 매번 감동하면서 네 번 봤다.
 영화 《바베트의 만찬》은 내레이션이 소설과 같아서 쉽게 몰입되었다. 칼집을 넣은 생선이 거꾸로 매달려 건들거리는 첫 화면과 원경의 무채색 지붕들은 영화 전체의 분위기를 짐작하게 한다. 카메라는 바베트가 준비하는 프랑스 음식의 화려함과 식탁 앞에 마주 앉은 마을 노인들의 모습을 비춘다. 그들은 금욕적 신앙생활이 몸에 배어있다. 지극히 소박한 식사를 하고 말을 삼간다. 그러다가 바베트가 만든 음식을 먹는 동안 굳었던 표정을 풀고 다물었던 입을 열어 대화를 나눈다. 묵은 감정과 고집을 풀고 서로를 용서한다. 와인을 마시는 노인의 불그레한 얼굴이 화면에 선명하다. 작가는, 바베트의 만찬에 초대된 노인들을 이렇게 표현한다. '말문이 틔었고 수년간 듣지 못했던 귀가 열렸다.'

원인불명의 열인 채로 여드레를 입원한 적이 있다. 나중에 병명이 정해지긴 했으나 병원에서 꺼리는 게 바로 이런 정체 모르는 열이다. 면회가 금지되었고 병실 앞에는 전염 관련 팻말이 붙었을 것이다. 며칠 후에야 화장실을 출입했는데 한쪽 어깻죽지와 골반 부위까지 시퍼렇게 멍든 걸 알았다. 기억은 없으나 고열로 의식을 잃은 채 침대에서 떨어졌다는 것이다. 이어진 큰일은 매 한 끼의 식사였다. 희멀건 미음과 건더기 없는 국과 역시 건더기 건져낸 국물김치이다. 점심부터 시작된 식사는 다음 날, 그다음 날 아침까지 똑같았다. 뚜껑 덮인 식판 그대로 내갔다. 미음이 끝난 날 점심은 흰죽이었다. 뽀얀 흰죽은 먹을 만했으나 반찬은 보기만도 밍밍했다. 배식원에게 김치를 달라고 하자 식사 처방이 없어서 안 된다며 딱 잘랐다. 저녁에도 역시 국물 반찬이었다. 흰죽 때문에 입맛이 살아났는지 멀건 국물을 보자 구역질이 났다.

입원한 지 한 주일이 지났다. 환자의 열이 떨어지지 않으니 의사는 유동식을 처방했을 것이고 영양사는 지시하고 조리사는 만들고 배식원은 갖다주었을 것이다. 가장 가까이 환자를 살폈을 간호사는 뭐하나? 단순하고 무심한 일련의 의료에 혼자 몸서리를 쳤다. 글로 적기 민망하나 순전히 김치 하나 때문이었다.

루마니아 출신 작가 헤르타 뮐러의 소설 『숨그네』를 떠올렸다. 숨그네는 인간의 숨이 끊어질 듯 말 듯 삶과 죽음 사이에서 그네 타는 것처럼 흔들린다고 하여 작가가 만들어낸 단어이다. 이차 세계대전 후 소련의 우크라이나 강제수용소에서 끔찍한 굶주림에 시달렸던 루마니아의 독일 소년 열일곱 살 레오 이야기이다. 전쟁이 끝나도 배고픔의 기억에서 헤어날 수 없는 그는 오로지 음식을 먹지 못할까 죽음조차 두렵다. 소설을 읽으면서도 혼자 몸서리쳤던 기억이다. 그날 저녁 근무의 간호사가 한가득 김치 그릇을 들고 병실에 왔다. 다음 날에 나는 퇴원했다.

"말을 하지, 병문안이라도 갔을걸. 가자, 몸보신시켜줄게."

윽박지르듯 말하며 P는 우럭탕을 시켰다. 어제까지 병원에서 김치 없이 죽을 먹던 나였다. 국물 몇 숟갈을 떠먹었다. 입에서 목을 넘어 등줄기로 뜨거운 것이 타고 흘렀다. 온몸이 더워졌다. 이마는 촉촉하고 코끝이 찌릿했다. 울먹한 한 끼였다.

"맛난 거 대접하고 싶어요."

나의 세 번째 수필집을 받은 문우 L은 기어이 한 끼 앞에 나를 앉혔다. 조명은 맞춤했고 그릇 부딪는 소리까지 정갈했다. 구색을 잘 갖춘 식탁은 두 사람에게 바베트의 만찬이 되었다. 둘은 애써 여몄던 속말을 풀었다. 툭툭 실밥 한 땀이 뜯어질 때마다 눈 안에 물기가 차올랐다. 오래도록 남아 감칠 한 끼였다.

"날 잡아서 밥 한번 먹읍시다."

건너건너 나의 문학상 수상 소식을 들은 Y가 사업으로 분주한 시간을 따로 떼어 한 끼에 초대했다. 십 년 가까이 동문수학한 사이건만 아, 대한민국! 남녀가 유별하니 예순이 넘어도 오붓한 둘만의 한 끼는 금기인가. 소식을 건너 전한 K 교수와 J 작가와 모터사이클을 타고 시베리아를 달리다 왔다는 그의 지인이 함께했다. 서로 부딪혀 마신 술 한 잔이 처음 만나는 낯섦을 끌러 풀었다. 철든 이들의 수다는 이토록 부요한가. 흐뭇한 한 끼였다.

생전의 작은오빠는 집안 조카들이 혼인하면 신혼부부를 집으로 초대했는데 나는 오랫동안 그 맛깔스러운 한 끼에 들러리가 되곤 했다. 두둑이 용돈까지 주는 바람에 긴 덕담은 참아야만 했다던, 작은오빠의 반살미는 집안 모두에게 그리운 뒷말로만 남아있다.

생의 많은 날이 지났다. 무수한 한 끼로 이어온 생이다. 부자이든 빈자이든 생을 이어온 것은 다 한 끼부터이다. 한 끼의 정직함, 한 끼의 무거움, 한 끼의 그리움이야말로 한 끼의 미학이다. 나는 늘 생각이 협소하고 삶의 밑천은 초라했다. 한 끼에 투자할 여유가 없었다. 밥 먹는 것을 전투처럼 해치우던 식탁에서 수저질 한 번에다 대화를 얹기란 사치였다. 손맛 또한 옹색하여 언제 한번 바베트의 만찬을 흉내라도 내본 적 있던가.

오래 헹군 행주로 식탁을 닦는다. 숟가락과 젓가락의 간격을 맞추고 종지로 할까 보시기로 할까, 밑반찬 담을 그릇을 고른다. 밥 뜸 들기를 기다리다가 참, 별일도 다 있지. 밥물 냄새는 또 이리 슬픈가. 그제 어제와 별반 다를 것도 없는 한 끼 저녁상을 차리면서 간신히, 미움 하나를 지웠다. 아무도 밉지 않게 되었다.

부엌과 친해지기

 늦은 밤에 상제들만 남았다. 조문객과 도우미들은 다 떠나고 장례 첫날의 낯설고 분주했던 하루가 마무리되고 있었다. 무엇 입다실거리라도 내올까 하고는 주방에 들어갔다가 그 아이와 마주했다. 머뭇하는 내 앞에서 마치 그 부엌의 원래 주인인 양 척척 해내는 그 아이, 질녀를 본 것이다. 미리 준비해두었던 것처럼 먹을거리를 챙겨서 나에게 건네고, 남아있는 마른 음식을 봉지에 담아 봉하고, 빈 그릇들을 포개 넣는 손놀림이 예사 틀스러운 게 아니었다. 명색이 맏상제인 나는 아무 거들거리도 찾지 못한 채 멀뚱히 보고 있었다. 그때 질녀가 막 대학을 졸업했던가? 지금은 저 닮은 딸을 낳아 예쁘게 살고 있다.

 보스턴 동서네 집에 갔을 때다. 흠치르르 부엌살림에 윤이

났다. 김치냉장고에 그득한 김치가 직접 담근 것이란다. 맛이 혀에 착 감기는 김치를 먹으며 한참 나이 어린 동서를 거짓없이 우러렀다. 생각해보니 그는 갓 시집온 그해 명절에도 부엌에 별로 낯을 가리지 않았다. 요즈음도 그런 것 같더라만 입맛이 담백한 그가 기름진 명절 음식을 가렸다. 가리는 데는 내 솜씨 없음도 한몫 보탰을 터. 어느샌가 냉동실에서 찹쌀가루 뭉텅이를 찾아내고는 형님, 나 찹쌀부꾸미 부쳐 먹어도 되죠? 처음으로 형님이라며 나를 불렀다. 그때 화안한 모습이 잊히지 않을 만하게 떠오른다.

부엌과 낯가림이 없다는 것은 음식 솜씨가 만만하다는 뜻이다. 음식 만들기에 주저함이 없다는 것이다. 그것은 어디서든 드러나기 마련이다. 요샛말로 짱 먹는 일이다. TV에 나온 그 연예인은 말하기를 음식 솜씨 좋은 며느리가 시집오더니만 단번에 부엌을 장악하더란다. 그러하니 여태도 부엌에 낯을 가리는 내가 짱 먹을 일일랑 없어 보인다. 야무지게 딸을 키워낸 시누이에게, 맛이 혀에 착 감기게 김치를 담그는 동서에게, 손맛 좋은 뉘게라도 부엌 짱을 내줄 따름이다.

부엌에 낯설었던 시절의 전설 같은 이야기, 아직도 잊히지 않는 지인들의 이야기가 있다. 큰맘 먹고 사 온 게가 빨리 죽지 않아서 남편과 둘이 숟가락으로 게를 때렸다는 이야기. 끓는 물에 삶은 낙지를 건져내어서는 찬물에다 바락바락 주물러 껍질을 벗겼다는 이야기. 산후 보양으로 곤 가물치의 진액은 다

부어버리고 흐물흐물한 가물치 살을 젓가락으로 뜯어먹었다는 이야기. 주택 화단에다 무를 거꾸로 무청을 땅속에 묻어두었다는 이야기. 그랬던 그들 모두가 이제는 부엌의 대가가 되어 있다.

부엌이 가지는 함의 중에 으뜸은 밥상이다. 우리네 어머니들은 실로 무한한 밥상을 부엌에서 차려냈다. 몸 푼 며느리를 위하여 첫국밥을 내왔고, 친정 나들이 온 딸을 위해 더운 밥상을 차렸으며, 입대하는 아들 앞에 새벽차를 타고 떠나는 남편 앞에 간절함을 담아 밥상을 차려냈다. 그 밥상에 얹힌 것이 무엇이든지 먹는 순간 이미 소울푸드가 된다. Soul Food, 미국 남부의 아프리카계 흑인 전통음식을 일컫던 그 말이 요즘에 와서는 어린 시절의 음식, 추억의 음식, 위로의 음식, 영혼을 감싸는 음식 등으로 또 다른 카테고리를 만들어 간다. 내가 먹는 음식은 제2의 자아이며 내 존재이다. 한 철학자의 말이 가슴에 딱 와닿는다.

『잃어버린 시간을 찾아서』의 마르셀 프루스트는, 보리수 차에 적신 마들렌 과자 맛이 유년기의 추억을 불러일으키어 행복한 기분이 들었다고 했다. 기억을 연구하는 학자들은 이를 두고 '프루스트 현상'이라고 부른다. 심리학자들의 주장으로는 인간의 미각은 이미 엄마 뱃속에서 각인된다고 한다. 양수를 통해 엄마가 가진 식습관과 선호 음식을 얼마간 받아들인다는 것이다.

『전생에 나는 수라간 상궁이었을라』의 신서영 수필가는 입덧하는 며느리가 짠하여 속이 노랗게 오글오글 들어찬 배추와 사철 땅 기운을 받고 자란 뿌리채소들을 사고, 시조모님이 쓰시던 무쇠 칼과 소나무 도마를 꺼내어 고기를 다듬으며 머잖아 태어날 손녀 생각으로 행복해하면서 육개장을 끓였다 한다. 그가 며느리에게 보낸 음식의 상서로운 기운은 태중의 손녀에게까지 그대로 전해졌으리라.

며느리의 부엌과 만날 날이 가까워진다. 둘째를 낳고 산후조리원에 있는 동안 제 엄마와 떨어져 있을 첫째를 돌보러 간다. 내 아들과 함께 보낼 시간이 기다려진다. 소울푸드라 하기는 낯짝 부끄럽다만 아들이 그나마 한 가지 들먹여주는 게 하필이면 호박이다. 호박과 아들과 손녀와 함께 잠시 그 예전으로 돌아가 볼까나. 곱게 채 썰어서 다진 새우와 함께 볶은 파릇한 호박나물, 씹히는 맛이 괜찮은 애호박전, 풋호박 얄팍하게 뻐져 넣은 수제비, 듬뿍 넣어 된장국도 끓이고, 내친김에 곱게 갈아서 단호박죽도 끓일까. 아껴먹는 호박오가리찹쌀팥시루떡도 빠뜨리지 말고 갖고 가야 해. 아무쪼록 며느리의 부엌과 친해져야만 하는데 말이다.

4부

한때 장미였던
계모, 서모
메별
헛글
선망
晚年
무작하다
일몰 너머
남아있는 나날

한때 장미였던

 장미가 만개한 오월 한날이다. 그녀들이 꽃인지 꽃이 그녀인지 구별이 안 되었다. 애써 구별하고 싶지도 않았다. 장미꽃밭은 내가 선 곳에서 끝이 멀고, 꽃 모자와 꽃 블라우스와 꽃가방의 그녀들, 언뜻 보이는 양말목에도 꽃을 수놓았다.
 사람을 꽃에다 비유하곤 한다. 가수들은 〈꽃밭에서〉 노래하다가 〈엄마의 프로필 사진은 왜 꽃밭일까〉라며 노래하고 〈사람이 꽃보다 더 아름다워〉 호소하듯 노래한다. 『꽃으로도 때리지 말라』 아프리카 봉사활동의 소회를 적은 여배우의 글은 사람이 곧 꽃이라는 역설이다. 꽃을 읊은 시인은 동서고금에 또 얼마인가. 사실이든 아니든 릴케는 장미의 시인답게 장미 가시에 찔려 죽었다고 한다. 릴케에 심취한 김춘수 시인은 '내가 그의 이름을 불러주었을 때 그는 나에게로 와서 꽃이 되었다'라며 꽃 시를 지었고, 동향의 시인에 영향 받은 유병근 스승을 두고 '꽃의 시인'이라 적은 추모 기사를 읽었다. 신화에도 꽃이 등장한다. 등장하는 꽃들은 저마다의 사연과 꽃말을 가진다. 다는 아니지만 나라마다 국화가 있고 도시마다 시화가 있으며 학교마다 교화가 있다. 사람의 희로애락과 생로병사의 현장에도 마땅히 꽃이 있다. 그중에 으뜸이 장미일는지도.

이름이 '장미'인 지인이 있었다. 향내가 날 법한 이름이어선지 출석을 부를 때마다 두 번씩 부르는 건 예사였단다. 일어서 보라는 것도 이보다는 나았단다. 어떤 교사가 들어오자마자 이 반에 장미 있지? 어디 보자. 너의 아버지가 장미를 한 번도 안 보신 모양이구나. 하였다며 억울해했다. 반전이라면 그녀 이름 뜻인즉 꽃 이름 장미와는 아무 상관이 없다는 것이다.

둘째 아이를 낳을 때였다. 한눈에도 애티가 나는 산모와 한 병실을 썼다. 첫아들을 낳았다며 축하 방문객이 줄을 이었고 엄청나게 큰 장미 꽃바구니가 함께 왔다. 나에게는 방문객도 꽃바구니도 없었다. 예정일을 앞당긴 출산에다 아이가 인큐베이터에 있어 아무에게도 알리지 않았다. 부석부석한 얼굴에 기미까지 낀 서른 중반의 당시로는 노老 산모였다. 밥때가 되면 앳된 산모의 친정엄마가 내 앞에 식판을 갖다 놓고 식기의 뚜껑을 열고 수저를 손에 쥐여주었다. 밥 먹으라는 말도 고맙다는 인사도 서로 아꼈다. 침대에 누우면 꽃바구니 가득한 꽃이 산모의 얼굴이 되었다가 젖을 빠는 아기의 머리가 되었다가 병실을 걷는 그녀의 배경이 되었다가 했다. 이따금 열린 창을 타고 넘어온 바람이 장미꽃 향내를 덜어다 나에게 안겼다. 모든 것이 우중충했던 산후에 그것은 찰나의 황홀이었다. 어쩌면 꽃을 정확하게는 장미를 좋아한 시작이 그때부터 아니었을까.

오월 한날에 멀리 타국의 장미축제에 불려온 꽃들 모두는 제 나라와 제 이름의 팻말을 달고 섰다. 프랑스 국적의 마틸다가 무슨 국제 콩쿠르에서 금상을 받았다며 으스댄다. 덴마크에서 온 룸바의 자태가 아담하고 야무지다. 한껏 붉은 독일의 클레오파트라이다. 이름처럼 작고 사랑스러운 러블리 훼어리는 네덜란드에서 왔단다. 이웃 나라에서 숨 가쁘게 후딱 왔을 히오기는 미처 꽃잎 다물 새가 없어 뵌다. 대놓고 미스터 링컨이라 불러달라는 미국 장미가 위엄의 흑홍색으로 주변을 압도하고 벤자민 브리튼, 잘생긴 영국 신사를 연상시키는 장미까지. 그들 사이사이로 분명 한때 장미였던 덕이 옥이 순이 점이…, 그녀들 모두 장미와 겯듯하며 걷고 있다.

감춘 속 은결든 마음이야 어떤들 어떠하랴. 대문 닫고 돌아설 때 문 안으로 밀어 넣었을 온갖 염려들. 간밤에는 나이 든 남자의 안쓰러운 잠꼬대. 새것으로 교체하고 급히 나오느라 떼어 그대로 두었을 관절염 파스며 깜빡 잊고 안 챙겨 먹었을 혈압약까지. 꽃인지 자신인지 헷갈리는 지금 무슨 대수일까. 쟁명한 하늘을 가르는 새된 웃음, 풀어헤친 수다, 짓궂고 싱거운 우스개까지 다 청량이 되는 이 순간, 장미는 무르익고 바람이 향을 나른다. 부유하는 세월에 어쩌다 먼발치가 되어버린 그대, 한때 장미였던 그대, 이제는 낯설다 문득 아린 그대에게 보낸다.

　장미는 시드는 모습조차도 아름답다지.

계모, 서모

또 또 전처소생 자녀를 학대한 계모 뉴스이다. 죽이기까지 했다. 굶겨 죽이고 때려죽이고 가방에 넣어 밟아 죽이고 헤어드라이어 열기로 데워 죽이고 뜨거운 물 찬물로 제겨 죽이고… 연필로 200번이나 찔러 죽였다. 가만 시청하기가 힘들어 대강 넘어갈까 해도 뉴스 채널마다 몸서리치는 내 기분 따위는 안중에도 없다.

오십여 년이나 너머 오래된 기억 하나가 조심스럽다. 친구는 장터의 가게와 붙은 집에 살았다. 방문을 열면 바로 건어물 가게였다. 그날 친구는 어른처럼 멸치볶음을 만들어서 밥상을 차려냈다. 지금도 친구의 멸치 볶던 모습이 어렴풋하다. 막 밥을 먹을 참이었다. 웬 남자가 가게 안을 보고 서 있었다. 친구는 양푼에다가 밥과 반찬을 담고 숟가락을 걸쳐서 나더러 좀 갖다주라고 했다. 얼떨결에 밥 양푼을 들고 나가 남자에게 건 넸다. "니 이름이 뭐꼬?" 목소리는 점잖았고 많이 그을긴 해도 이목구비가 반듯했다. 남자가 친구의 이복오빠라는 말을 바람결에 들었다. 친구의 엄마는 가게 밖 그 남자에게 계모였다.

불편한… 그렇다. 애써 떠올리기 불편한 한때가 나에게 있었다. 오래 외면하고 있던 기억이다. 일을 그만두고 종일 아이를 돌보던 때였다. 태어나자마자 호흡장애증후군을 앓아 한 달 만에 집으로 온 아이는 밤낮없이 기침했다. 먹이면 기침하고 기침하면 토하고…. 수북하게 빨랫감은 쌓이고 어느 때는 이불과 갈아입힐 옷도 부족했다. 한밤중 지치고 잠에 취해 토해 놓은 이불을 걷지도 않은 채 새 이불을 덮어 깔고는 아이를 눕힌 적도 있다. 그렇게 두어 해를 나는 우울했고 극도로 예민해졌다. 남편이 헛기침만 해도 고함을 질렀고 아픈 아이에게도 큰아이에게도 친절하지 못했다. 내가 계모라는 소문이 나돌았고 돌고 돌아 나에게까지 들렸다.

그날따라 오후 내내 아이는 토했고 내 기운은 소진했다. 더러워진 옷이며 이불이며 치울 새가 없었다. 쪽쪽 욕실로 던졌더니 바닥에 널브러져 그득했다. 겨우 씻겨서 옷을 갈아입히고 우유를 먹인 아이가 또다시 왈칵 토했다. 머리가 팽 돌면 그리하는 것인지. 아이를 욕실에 둔 채 문을 닫았다. 자지러지는 아이의 울음도 문을 두드리는 절박한 소리도 멀리 아득했다. 때맞추어 초인종 소리가 났다. 욕실 앞에 다리를 뻗고 주저

앉았던 내가 어떻게 출입문을 열었는지 그때 내 모습이 어땠는지. 남편이 책가방을 내박치고 웃옷을 내던지고 벗은 바지를 걷어차고 욕실로 달려갔다. 아이를 어르고 씻기고 입히고 먹이고 재우고 욕실 바닥에 널브러진 것들을 초벌 빨래하여 세탁기에 넣고…. 그러는 내내 남편은 한마디 말도 안 했다. 나는 그날 내가 했던 말을 똑똑하게 기억한다.

"내가 계모가 아니라서 얼마나 다행인지…."

세월 지나도 그날의 그 말이 다행이라서 가슴을 쓸어내린다.

계모라는 말은 이미 오래전부터 사람들의 뇌리에 나쁜 이름으로 저장되어왔는지 모른다. 잔혹동화라고도 불리는 동서양의 계모 이야기들이 다 고전古典이다. 그러니 글자를 알고부터 그런 동화를 읽어왔다. 시대를 넘어 영화나 연극, 애니메이션은 물론 다양한 패러디로도 재현되어 함부로 잊어버리지도 못하게 한다. 동화 속 계모들은 말 그대로 잔혹하고 독악하다. 《장화홍련》의 계모 허 씨는 의붓딸들을 학대하다 누명까지 씌워 죽였다. 《콩쥐팥쥐》의 계모 배 씨도 콩쥐를 구박하다 결국은 죽게 했다. 《신데렐라》의 머리 나쁜 계모는 신데렐라에게 집안일만 시켰고 《백설공주》의 계모 왕비는 백설공주에게 독사과를 먹였다.

동화가 말하는 권선징악을 따라 잔혹한 계모들은 잔혹한 벌을 받는다. 동양의 독한 계모들은 다 죽었다. 장화와 홍련의 계모는 능지처참을 당했고, 콩쥐의 계모는 즉사했다. 서양의 악한 계모들은 금방 죽이지 않고 훨씬 더 잔혹한 고통을 받다가 죽게 했다. 신데렐라의 계모는 새에게 눈알이 쪼이는 벌을 받고, 백설공주의 계모 왕비는 빨갛게 달군 쇠로 만든 신발을 신고 너무 뜨거워서 미친 듯 펄쩍펄쩍 뛰다가 죽는다.

불편한 것들의 소환으로 불편하게 뛰던 심장 박동을 누그러뜨린다. 가만 호흡을 가다듬는다. 뉘라서 처음부터 계모를 꿈꾸었을까. 너나없이 떠안은 생이 아린 탓이다. 늦가을 인정 없는 바람에 끝내 앉을 곳을 찾지 못하고 위태롭게 구르는 마른 잎 하나를 오래 지켜보는 것도 내 생이 아린 탓이고, 계모라는 이름으로 사는 저들 또한 저들에게 내맡겨진 생이 아린 탓이다. 장화와 홍련 콩쥐 신데렐라 백설공주의 계모도 장터에 살던 친구의 엄마도 그들 앞에 던져진 야속한 생에 에인 때문이다. TV 뉴스의 고개를 떨군 젊은 계모의 목덜미가 곱다. 아무렇더라도 그녀는 응당 벌을 받아야 한다. 동화 속 잔혹한 계모들의 벌에는 더 크게 더 굵게 더 진하게 밑줄을 쳐야 한다. 착한 계모가 나오는 동화를 다시 써야만 한다. 《노간주 나무》 따위는 지워야 한다.

처음으로 서모(계모, 경남 지방에서는 서모라고 부름)라는 이름을 알았다. 모두가 큰올케언니의 친정엄마를 서모라고 불렀다. 언니는 행여라도 서모에게 설움 받을까 하여 할머니 손에서 컸다고 한다. 그런 언니를 두고 어른 손에 자라서 버릴 게 없다고 하는 어른들의 말을 자주 들었다. 어느 해 여름날의 기억이다. 언니의 서모가 딸네 집에 왔다. 장조카가 외할머니를 부르며 바깥마당으로 내달렸다. 흰 모시 치마저고리를 입은 서모는 얼굴이 하얗고 내 엄마보다 젊어 보였다. 장조카를 안고 볼을 비볐다. 나는 멀찍이 안마당에서 그 모습을 바라봤다. 따라온 사람이 갖고 온 동구리를 열자 그 안에 정갈하게 담긴 떡이 서모를 닮은 듯도 보였다.

조금 후였던가. 서모가 함석 대야에 물을 받아와서는 낯 수건을 목에 두른 채 저고리 소매를 걷고 장조카 얼굴의 땟국물을 씻겼다. 그 옆에 조그맣게 쪼그리고 앉은, 딸의 시누이인 내 얼굴도 씻기고는 목에 둘렀던 광목 낯 수건으로 물기를 닦았다. 그 느낌이 좋아서 가만있었다. 얼굴에서 수건이 걷히고 그제야 눈을 떴다. 꽃밭의 맨드라미 봉숭아 채송화가 한껏 붉었다. 서모는 함석 대야의 물을 꽃들에 골고루 나누어 부었다. 그리하여 서모라는 이름은 기분 좋을 만큼 아릿한 기억, 여름날의 순정동화 같은 풍경이 되었다.

엊그제다. 그때의 서모보다 훨씬 나이 들어버린 큰올케언니가 딸기 한 알 먹을 때마다 한 번씩 연거푸 세 번을 묻는다. 딸기가 어디서 났을꼬? 땀박땀박 유순하던 질녀의 대답 목소리가 고만 흔들린다. 나는 가만 고개를 숙이며 속으로 말했다. '더도 말고 덜도 말고 앞으로 십 년만 더 내가 사 온 딸기를 먹으소.' 내 속말에 내가 아프다.

메별

 온통 붉은 사진 한 장 때문이었다. 벌겋게 물든 하늘과 바다와 그 경계에서 타는 햇귀. 달리 말이 없으니 일출인지 일몰인지조차 모른 채. 망아의 일순간. 시선을 타고 들어온 붉은 바닷물이 심장의 피와 섞여 전신을 붉혔다. '붉다'를 잇는 다음은 필시 '유혹'일 터, 무어 확답도 없이 바삐 길을 나섰다.
 막상 당항포의 일몰은 시시했다. 순천만의 장엄함과는 한참 멀다. 채석강의 홀림도 다대포의 아련함도 아니다. 색도 힘도 반이나 잃은 햇발은 쓸데없이 길어 성가시기만 하다. 썰물로 잦감이 된 개펄에 조개껍질만 듬성하다. 저만치 나앉아서 해안도로와 멀어진 바다가 겉만 불그스름하여 아쉬운 일몰의 면치레를 한다. 열린 차창으로 물바람이 좀 낫다.
 죽 이어진 해안 길의 상수리나무들이 헐벗었다. 다옥했을 산자락도 수척해지고 한 계절 내내 살피꽃밭의 꽃들을 사열했을 고샅길도 허허롭다. 가을이 깊다 못해 그만 늙어 있다. 늙은 가을을 보는 것은 현란한 백화점 거울에서 붉은 기(氣) 가신 내 얼굴 만난 만큼이나 짠한 일이다. 얼른 길가 카페로 들어갔다. 횟집과 카페가 붙어있다. 기다렸다는 듯 실비 바르탕의 노래가 빈 카페를 메운다. 뜻밖으로 〈라 마리짜 강변의 추억〉 시골 한적한 바닷가 이곳에서 그 추억의 노래를 듣다니. 노래가 다 끝날 무렵에야 주인이 나타났다. 옆의 횟집에서 일하다 온 차림이다. 능숙하게 커피 한 잔을 뽑아낸다. 잠깐의 생선 비린내 걱정을 덜었다.

때로, 별거 아닌 것들을 별거처럼 기억해내곤 한다. 남편의 표현에 의하면 아무짝에도 '씰데없는' 것들만 기억하는 것이다. 스스로 놀라기도 하는 것이, 평소에 따로 마음에 두는 것도 아니거니와 생전 한 번 짚어 본 적도 없던 과거의 어떤 일들이 어쩌다 그와 맞갖은 상황을 만나면 별안간 영상을 보는 듯 생생하게 재생되는 것이다. 물론 모든 사람이 가지는 선택적 사고가 내게도 엄연하겠지만 어떻든 그러하다. 망각은 신의 배려. 잘생긴 도깨비가 나오는 TV 드라마의 대사 한마디가 귀에 꽂힌다. 잊히지 않는 기억으로 솔가울 때는 신의 배려가 아쉬울 따름이며 그 기억이 내 글의 질료가 되어 줄 때는 신의 배려가 되레 두려울 뿐. 지금도 그 갈팡질팡한 양가감정을 양손에 들고 신 앞에서 불온하게 저울질하고 있다.

군 복무하던 큰아들이 상병쯤 되었을 때이다. 갓 입대한 병사의 아버지가 보냈다는 편지를 보여주었다. 겉봉의 주소가 부산의 구포 어디이다. 군에 간 아들에게서 선임병이 동향이라는 말을 들었음이리라. 아들을 잘 부탁한다는 손글씨가 세로로 줄이 그어진 편지지 두 장을 꽉 메웠있다. 어떤 날에 어떤 맞갖은 상황이었던지 나는 목소리까지 촉촉해져 가며 그 편지 이야기를 들먹였다. "엄마, 수필 말고 소설 쓰는 게 어때요?" 큰아들은 무슨 이등병의 편지도 아니고 병사의 아버지가 왜 자기에게 편지를 썼겠느냐며 퉁바리다. 나는 그토록 감동적인 사건을 기억조차 못 하는 내 아들을 생경히 여길 새도 없이 새 며느리 앞에서 체면이 안 섰다. 남편이 쐐기를 박는다. "씰데없는…."

 기억하여 간직하는 것으로 치자면 감히 당항포에 비할까. 이곳의 해전에서 왜적과 싸워 이긴 명장을 사백년이 넘도록 고이 기억하고, 먼 소가야의 고분들을 양지바른 곳에 두어 돌보며, 그보다 오래고 낯선 백악기의 공룡 발자국도 여태 간직하는 당항포, 그러는 그대가 행여 내 다녀간 흔적을 기억해 줄 터인지.

 나는 내 기억을 사랑한다. 시간에 잘 절여져 숨죽인 기억들, 미색으로 덧칠하지 않은 날것들, 흑백사진처럼 고요한 것들, 내 글의 질료가 될 숙명의 때를 기다리는 하염없는 것들을. 오늘 또 하루의 기억을 저장하여 숙성시킨다. 온통 붉은 사진

한 장의 유혹, 당항포의 시시한 일몰, 물바람, 수척한 산자락, 늙은 가을, 빈 카페의 그때 그 샹송. 별거 아닌 것들이 별거 되어 그득하다.

깜북 해가 졌다. 박모의 어스름에 그대는 왜 내 얼안에서 서성이는지. 나는 왜 떠나야 할 곳에서 지칫거리는지. 당항포와 작별한다. 함께 떠나는 자동차의 걸음도 천천하다. 메별, 소매를 부여잡을 못내 아쉬운 인연이다. 살아있는 한은 그러하려니. 그대 잘 있으오. 기약은 못 하나 살다 보면 어느 때 일출을 보러 올 날이 또 있을는지. 생은 이렇게 매 순간이 메별이다.

헛글

 '나'는 실재의 인물이 아니라 가상의 인물입니다. 나는 진실의 인물이 아니라 거짓의 허위의 인물입니다. 그러니 이 글은 가상으로 허위로 쓰는 거짓글로 이른바 헛글이죠. 그렇다고 실존과 진정이 영 없는 것은 아니니 누군가 이 헛글의 행간에 웅크린 참나를 찾아낼지도 모르겠어요. 그리 안 해도 그만이지만요.

 십이월치고는 포근한 한날의 저녁 어스름에 강둑길을 걸으며 생각에 잠깁니다. 이곳을 강둑길이라니 대번에 거짓임을 눈치채겠지요. 대놓고 거짓이니 글쓰기가 훨씬 수월합니다. 나는 무언가 결론을 내려야만 한다는 당위의 심정으로 이즈음 안팎으로 머리를 죄던 일들을 떠올립니다. 떠올려진 것들이 잠시 가을 하늘 고추잠자리처럼 머릿속을 선회하다가 일제히

한곳으로 응집됩니다. 손에 들고 있던 스타벅스 커피의 마지막 모금이 쓴맛으로 변하는군요.

남자와 여자가 서로의 민낯을 현미경으로 본 듯해 버렸다면 각각 어떤 반응을 보여야만 할까요. 이생에서 어쩔 수 없는 관계로 만난 사람들과의 오랜 대화가 초등학교 저학년 교과서에 적힌 글자만도 못했다면 그 허망함을 어찌 다스려야 할까요. 그럼에도 아직 해야 할 일들이 밀린 숙제처럼 버거우면 이 막막한 허무에서 헤어나기는 할까요. 함부로 내맡겨진 국면이 어릴 적 시골길에서 만난 그믐밤 어둠인 양합니다. 내맡겨진 것들이 꼭 이뿐이겠습니까. 엄밀히 따지자면 탄생이 이미 그러하였듯 항차 죽음도 맨 그러하겠지요.

골똘하니 걷다가 마주 걸어오는 남자와 부딪힐 뻔했습니다. 얼른 옆으로 길을 비켜섰죠. 젊은 남자들은 때때로 무섭습니다. 길 가다가 어깨를 부딪쳤다고 욕을 했다느니 폭행했다느니 그런 기사를 봤기 때문이죠. 눈부신 젊음을 흉기로 삼는 남자라니. 그래도 가끔 생각나는 젊은 남자가 있습니다. 초보 운전자였을 때죠. 트럭과 접촉 사고가 난 것 같았어요. 마침 퇴근 무렵의 교통혼잡으로 차들이 멈췄습니다. 험상궂은 표정의 트럭 기사가 주먹으로 내 차 문을 거칠게 두드렸어요. 무서웠던 나는 도어록을 누르고 꼼짝도 안 한 채 앞만 보았습니다. 다시 차들이 움직이자 트럭기사도 그만 트럭에 타더군요. 얼마를 가다가 다시 신호등 앞에 멈췄습니다. 그때였어요. 옆 차

선에서 젊은 남자가 성큼성큼 다가오더니 내 차의 백미러를 바로 세워주고는 아무 일 없다는 듯 다시 성큼성큼 자기 차로 갔어요. 인사는 고사하고 하다못해 깜빡이 켤 줄도 몰랐던 나는 운전대만 꽉 붙들고 있다가 바뀐 신호를 따라 옆도 보지 않은 채 와버렸답니다. 그 젊은 남자의 지금이 무척 궁금하군요.

신흥공업사, 태양전파사, 덕진목공소, 진미상회 등 길옆으로는 낮고 낡은 건물들이 금방이라도 떨어질 듯 위태한 간판을 달고 죽 서 있습니다. 세월에 밀려 도리어 생소해져 버린 이름들, 모퉁이를 돌아 이층에는 전당포라는 글자도 보이는군요. 고개를 돌려 불과 몇 미터 저쪽을 보면 이 도시에서 가장 높다는 금융 건물이 우뚝하고, 국내 최초라는 뮤지컬 극장이 Dream Theatre 생경한 간판을 달고 나란히 자리한 참 얄궂은 조화입니다. 어쩌면 내 살아온 날들도 그러하였는지, 아직도 그런 조화에 익숙하지 못하는지, 쥐어박듯 느닷없는 쓸쓸함도 그 때문인지, 나는 지금 그런 곳 강둑길을 걷고 있습니다.

영화 《미 비포 유Me Before You》의 윌은 아침에 눈을 뜨는 유일한 이유인 루이자를 두고 끝내 스위스 행을 택합니다. 데이비드 구달도 베토벤의 〈환희의 송가〉를 들으며 스위스 바젤의 한 병원에서 안락사로 생을 마감했죠. 국내에도 의사 조력 죽음을 위하여 스위스 디그니타스에 등록한 사람이 제법 있다는군요. 영화 《스틸 앨리스Still Alice》의 앨리스는 치매를 앓습니다. 컴퓨터에다 죽는 법을 저장해 두죠. 스러지는 기억을 더

듬어 컴퓨터를 켜서 적힌 그대로 서랍을 열어 약을 찾지만 먹는 것을 놓치고 말아요. 영화 《더 미드와이프The Midwife》에서 여배우 까뜨린느 드뇌브는 자주 가던 호수 위에 작은 나룻배만 흔들거리도록 둔 채 사라졌습니다. 버지니아 울프는 늘 산책하던 우즈 강가에서 다시 돌아오지 않았어요. 그녀의 지팡이와 구두만 발견되었다 하죠.

아테네의 그 철학자는 말합니다. 생각을 바꾸어서 죽음도 나름대로 좋은 것이니 자신감을 갖고 죽음을 맞아야 한다고. 그의 말처럼 죽음도 삶과 같다면, 이승에서 저승으로 이주하는 것이라면, 그곳에서 그리운 얼굴들을 만난다면 왜? 어떤 이들은 그토록 쓸쓸해하며 안간힘을 다해 살아야 하는지. 또 어떤 이들은 무슨 이유와 권리로 아무 의미 없는 명줄을 잇고 또 이어놓는지. 누가 내 글을 거들떠나 볼까마는 죽어본 적 없는 이의 말은 다 실없답니다.

한참을 걷고 나서 둑길 난간에 기대어 저 아래 강물을 봅니다. 이 시간에 강물을 보고 선 사람이 나 말고는 없군요. 어둠 탓인지 강물은 마냥 음험합니다. 세상의 책들을 다 읽을 수는 없지만 강물을 음험하다 쓴 글이 있을까요. 아무렴 꽃구름처럼 살아보리라 애쓴 한 수필가가 홀연히 사라진 강물이라 하기는 끔찍이도 비정하다는 생각이 듭니다. 고개를 수그리자 눈물 한 방울이 뚝 떨어지는군요. 떨어진 눈물방울이 저 아래 강물 표면까지 가닿았는지 어땠는지.

선망

 자꾸 그녀에게 시선이 머문다. 저번에는 진명여학교 1회 졸업생인 외할머니를 따라 조선 마지막 상궁의 집에 놀러 간 유년을 쓰더니 오늘은 〈동심초〉를 부르는 엄마와 〈Oh, Danny Boy〉를 부르는 아버지를 적어왔다. 오월만 되면 옥색 한복 단아하게 여며 입은 엄마가 생각나 몸살을 한다지만 이 어인? 내게는 오두맣게 앉아 웃는 그녀의 서사가 딴 나라 이야기만 같다. 이런 경험은 이전에도 많다.
 친구는 엄마가 대학생 때 입었다는 꽃무늬 원피스를 입고 학교에 왔다. 안 그래도 이모의 관에다 키스를 했다는 이모부 이야기를 듣고는 이미 그녀에게 반 넘어나 빠져있는데 말이다. 엄마의 옷을 입고 강의실에 앉아 엄마와 시공간을 공유하는 그녀의 옆얼굴을, 가늘고 긴 손가락으로 머리카락을 쓸어 고르는 동작을, 다리를 꼬아 앉아 발끝 까딱거리는 것들에서 시선을 떼지 못했다.

내 아버지가 무슨 노래를 불렀는지, 노래를 부르기는 했는지 어려서 기억은 없지만 엄마의 말 한마디는 세월이 가도 지워지지 않는다. "소리라도 할 줄 알면…." 그런 엄마는 한복을 입고 머리에 비녀를 꽂았다. 여학교 때이다. 아버지가 대학교수인 미연의 엄마는 양장 차림을 하고 학교에 왔다. 나는 양장을 한 미연이 엄마도 낯설었지만 한복 차림의 내 엄마와도 바싹 붙어 걷지 못했다. 남강 다리를 건너 작은오빠네로 가던 길이다. 덕석도 깔지 않은 맨 포장도로에다 나락을 널어 말리고 있었다. 그 시절 소도시의 변두리 풍경이다. 농사짓는 엄마는 걷다 말고 서서 재글재글한 가을 햇볕 아래 맨바닥의 우케를 보고 무어라 혼잣말을 했다. 나는 그만 빠른 걸음으로 그런 엄마를 뒤세웠다. 하국화씨, 생전 한 번도 그렇게 이름 불린 적 없었을 내 엄마 그때 죄송했어요.

누구나 다 아는 말인 선망羨望을 좀 더 알게 된 것은 프로이트에 대해 배운 뒤였다. 물론 프로이트의 남근선망penis envy에서 비롯된 성심리이론이나 젠더이분법 등의 엄청난 파생을 말하고자 함은 아니다. 그럼에도 선망에 관한 연구가 그렇게 많은 것과 각각의 연구 분야마다 선망에 대한 용어가 그토록 많음에는 적잖이 놀랐다. 나는 부러움으로 대체 풀이되는 선망에 대하여 자각한 견해를 말할 뿐이다. 선망은 당연히 내게 없는 것들을 향한 갈망이다. 흔히 질투의 감정과 혼돈되기도 하지만 심리학적으로는 완전히 별개의 감정으로 분류된다. 선망은 가장 원초적인 욕망으로 상상 또는 현실에 기반을 둔다. 상상에 머문 채 그대로 두거나 선망의 대상을 정복하여 현실을 만들기도 한다. 반면, 시샘이나 시기로 선이해 되는 질투는 누군가의 관계에서 그 실체를 여실히 드러낸다. 선망의 내면이 인정이라면 질투는 부정의 여러 벌 겉옷과 같다고 할까. 겉옷은 감추어지는 것이 아니라서.

내가 가진 선망은 언제나 적당한 간격을 띄워 둔 부러움이었고 헐떡거리며 가야할 저만큼의 거리가 버거워 애초에 내딛지 않은 길이었다. 하므로 단순하고 덜 구체적인 호기심으로 변장하여 아무도 눈치 못 챌 정도의 관심과 친절에 멈추었다. 밀레의 〈만종〉을 보고 화가를 꿈꿈으로, 파바로티가 부르는 〈네순도르마〉를 듣고 가수를 결심함으로, 밑닦개로 내놓은 김소월 시집을 읽고 문학의 불씨를 지핌으로…, 이윽고는 숨겹고 고단했을 선망을 굴복시켜 엄연한 현실로 만든 그들과 같지 못했다. 비록 아무도 모르는 독한 선망 앓이의 상흔이 있다고 한들 내가 가진 선망들은 일생 현실에는 기반을 두지 못한 채 상상에만 머물다 가고 말았다.

거슬러보아 내 최초의 선망도 상상 속의 무남독녀였다. 유년 시절 우리 집에는 머슴과는 별도로 농번기에만 와서 일하고 세경을 받아 떠나는 드난 일꾼이 있었는데, 그들은 거개가 솔가를 하므로 두엇의 아이가 있었다. 아이들은 바지런하여 잔 심부름도 하면서 일손을 돕기도 했으나, 큰 두레상에 일꾼아이 주인아이 구별 없이 빙 둘러앉는 밥때마다 내 심사가 틀어지곤 했다. 어린 나이에도 밥상머리의 그악스러움이 싫었던 탓이다. 그 무렵 무남독녀라는 말을 처음 알았다. 세상에! 아이가 달랑 딸 하나뿐이라니. 어쩌다 책 속에 무남독녀 이야기가 나오면 처음부터 끝까지 다시 읽었다. 그러고는 이른바 속편을 짓곤 했는데 당연히 내가 주인공인 이야기였다. 언니들이 안다면 참말로 미안했을 일이다.

습습한 저녁 바람을 쐬며 산책을 다녀왔고 레몬차 한 잔을 들고 앉는다. 식탁도 의자도 손에 든 찻잔까지도 나처럼 늙숙하니 편안하다. 이제쯤이면 분수없이 쏘삭대던 뜬마음일랑은 저 왔던 곳으로 되돌아가고 휘익 둘러보아 무에 샘날 것도 부러울 것도 없는 줄만 하였더니 사람 참, 여전히 잠 덜 깬 미련이 남아 있네. 새삼 선망일 것까지야.

晩年

　아무래도 식당 봉사는 그만두기로 한다. 도화지에 수채화 물감이 스미듯 일품이 몸에 밸 참이다. 뒤로 묶은 머리와 비닐 앞치마와 장딴지를 감싸는 고무장화가 친근할 무렵이다. 함께 일하는 동료들과의 조화가 흐뭇할 즈음이다. 이제는 부엌일이 몸 설지 않을 성도 싶다. 그럼에도 불구하고 별안간의 변덕은 스스로도 부끄럽다. 이런 변덕을 불러들인 연유는 더 부끄럽다. 나의 미성숙한 인간관계 때문이거나 그로 인해 야기될지도 모를 나중 일들에 대한 예방이라고 해 두자. 나이 듦으로 얻어진 이기라고 해도 괜찮다.

　나이 듦을 숙년이라고도 한다. 적어도 나에게는 그 말이 맞지 않다는 것을. 나는 일찍이 성숙해 본 적이 없었고 앞으로도 성숙하지는 못할 것이 분명한 때문이다. 성숙한 척 위장하고 싶지도 않다. 옥죄었던 페르소나가 있다면 그것에서도 그만 자유롭고 싶다. 다다를 수 없는 숙년일 바에야 차라리 미성숙의 소용돌이에서 저만치 비켜나 정적으로 사는 것이 낫지 않겠는가. 나는 그저 평범한 만년晩年일 뿐이다. 백세의 삶을 논하는 이즈음에는 섣부르다 할 수도 있겠으나 예순을 넘겼으니 어김없는 만년이다. 그리고 나는 이 말을 좋아한다. 만추, 만조, 만경처럼. 만년은 나이와 상관없는 정적 몸놀림이며 마음 둠이다.

다른 일로 근방을 지나다 고향집에 들렀다. 기별 없는 방문이라 빈집이다. 햇볕이 수직으로 내려 닿는 마당에 빗질 자국이 선명하다. 집을 지키는 장독대도 방문객이 낯설지 않은 모양이다. 반기는 기척은 내 맘 탓인지. 수돗가에 쪼그리고 앉아 고무 다라이에 물을 받고는 손을 담갔다. 이 한적함 이 안연함. 잠깐 감았던 눈을 떴다. 울타리를 빙 두른 낯익은 감나무들의 연푸름, 얄랑얄랑 바람결에 이는 감잎들, 장독 뚜껑에 소보록한 감꽃들. 감꽃을 보고 있자니 '감똘개'라는 말이 떠올랐다. 아슴아슴한 말이다. 빈집에 그냥 다녀가기가 마음에 걸리기도 하여 친정 질녀에게 전화를 걸어서는 감똘개에 대하여 물었다. 그녀는 마치 어제 그리했던 일인 것처럼 떨어진 감꽃, 그 감똘개를 주워 담아 실에 꿰어서 목걸이를 만들었노라고 한다. 감똘개 몇 개를 집었다. 만년의 들목에 서서 잊고 있었던 또 하나의 유년을 목에 건다.

그날에 애틋해 하면서도 자주 보지 못하던 친구 K를 만났다. 우리는 유년을 동행했고 이제 만년을 동행할 것이다. 그녀에게 나는 빚쟁이다. 추억을 빚지고 우정을 빚지고 안부까지 빚졌다. 오래 벼르기만 하던 만남을, 마침 그녀가 요양병원의 친정엄마를 문안하는 그날로 잡은 것이다. 엄마는 바스러질 것만 같아서 한 번 안아보기조차 겁이 난다고 한다. 애초 집안의 결혼식 날에 엄마의 장례를 치를 수가 없어 연명 처치를 했던 것이 지금까지라고 했다. 휘익, 만년의 우울한 끝이 머릿속을 훑었다. 이어 또 한 친구의 이야기가 뒤를 잇는다. 친구의 할머니와 아버지와 엄마의 이야기이다. 어쩌다 끄집어내면 우릿하니 명치께가 아플 사연이다. 슬프고 쓸쓸한 만년의 이야기이다.

친구의 아버지는 평생 할머니에게 극진하였다. 속마음까지 그러랴마는 엄마는 뒷전. 아흔의 할머니는 일흔의 엄마보다 허리가 꼿꼿하고 몸이 날랬다. 그러그러하던 어느 해에 할머니가 낙상 사고로 수술을 받았는데 정작으로 의사도 놀랄 만큼 할머니의 회복은 빨랐지만 와중에 엄마가 저세상 사람이 되고 만다. 며느리가 부재한 집으로 돌아온 할머니의 몸놀림은 전보다 더 날래졌다. 부엌으로 고방으로 아버지 방으로. 의외 일이 일어났다. 아버지가 할머니를 보지 않는 것이다. 할머니라면 자다가도 벌떡 일어나던 아버지였다. 예전에 친정에서 자는 날이면, 아버지는 할머니 방에 가고 친구네는 엄마랑 자곤

하였는데 할머니 방에 가지 않는 아버지 때문에 거실에서 자야 했다. 왜 그러시냐는 딸에게 두어 번 뜸을 들이던 아버지는, 그러나 어조 명확했다.

"니 엄마보다 오래 살아서 니 할머니가 보기 싫다. 할머니가 죽고 나면 잘해줄라 했는데 죽어서 니 엄마 볼 낯이 없다."

더 놀라운 일은 그다음부터였다. 할머니가 곡기를 끊은 것이다. 아들의 외면이 할머니에게서 더 살아야 할 이유를 앗았으리라. 열흘 남짓 넘겼을까. 할머니도 저세상 사람이 되었다. 그 모든 일의 흐름에 아버지는 어떤 몸짓도 따로 하지 않았단다.

금방 부쳐낸 묵은지전이 맛나다. 한입 가득 넣은 채 남편에게 하는 말.

"나는 입맛이 너무 좋아서 나중에 죽고 싶어도 곡기를 끊지 못할까 봐 겁이 나."

"……"

가만있기가 그래서 쓴 만년의 한 날 풍경이다. 그새 봄이 이울고 있다.

무작하다

요양병원에서 만난 작은오빠의 모습은 낯설었다. 충격이었다. 늙연했던 옛 모습은 두더라도 불과 두어 달 전 그 모습도 아니었다. 푸석푸석하고 창백한 얼굴은 잔명을 앞둔 노인과 영락없었다. 잠덧인지 눈에 띄게 얇아진 몸을 뒤척이다가 오빠! 부르는 소리에 눈을 뜬다.

그날 오빠에게서 들었던 말은 "무작하다." 그 한마디였다. 무작하다. 나는 사전적인 뜻을 알기 훨씬 전부터 그 말을 들어 안다. 마을에 궂은일이 생기는 날이면 부엌에 들어가 잔일을 하던 엄마가 누구에게랄 것 없이 혼자 하던 말이다. "사람이 참말로 무작시럽제." 버릇없고 못된 사람을 이르는 말이구나. 어린 마음에 그리 새겼다. 작은오빠는 누구를 두고 무작하다고 했을까. 자신을 요양병원에 보낸 가족을 원망하는 말인가.

미루어 짐작되는 요양병원 일련의 처치에 대해 하는 말일까.

이제 그만 오빠를 요양병원에 보내야 한다며 먼저 말을 꺼낸 사람은 나였다. 집에 오는 돌보미들을 지천하는 오빠의 까탈스런 성격 때문에 사흘을 버텨내는 돌보미가 없었다. 그러다 보니 오빠를 수발하는 일은 고스란히 작은올케언니의 몫으로 남았다. 수발을 받아야 할 나이의 언니에게 그것은 가혹한 일이었다. 선뜻 요양병원 입원을 결정하지 못하는 것은 효에 대한 조카의 딜레마였다. 나는 맏조카를 만났다. 어쩌면 내가 해야 할 일이었다. 엄마도 편안한 노후를 보내야 하지 않겠느냐며 권하는 내 말이 조금이나마 위로이기를 바랐다. 맏조카는 특별히 엄마의 시누이가 되는 나의 언니들에게 잘 말해주기를 당부했다.

한동안 나는 요양병원으로 작은오빠를 보러 가지 않았다. 가까이 있는 언니가 매일 가다시피 하고 멀리 있는 형제들이 한 번씩은 다녀갔어도 나는 그리 하지 못했다. 그들은 변해버린 오빠 모습을 본 충격을 말하고, 요양병원의 치료 방법에 대해 분노하고, 기어이는 맏조카에 대한 서운함을 드러내었다. 그럴수록 나는 오빠 보기가 두려웠다. 어쩌면 오빠는 자신을 요양병원에 보내야 한다고 말한 나를 향해 무작하다. 그 한마디로 나무랐던 것이 아닐까.

시어머니는 요양병원에서 생을 마감하였다. 여든아홉 연세까지 자신의 건사에 남의 손 빌린 적 없이 깔끔했던 시어머니는 생애 마지막을 보냈던 삼 개월의 요양병원 생활을 못 견뎌 했다. 돌보는 사람들의 행동과 말씨에 마음을 다쳤다. 그 순간 시어머니는 그 어떤 말보다도 무작하다고 말하고 싶었을 것이다. 시어머니의 장례를 치렀던 무렵에 한 소설가의 글을 읽었다. 작가는 요양병원의 돌보미들이 자신이 보는 앞에서 시어머니의 아랫도리를 훌렁 벗기고 기저귀 가는 걸 보고는, 시어머니의 마지막 인생과 죽음에 대하여 자존심을 지켜드리자 생각하며 집으로 모시고 왔다 한다. 그리고는 때가 되어 잘 익은 감이 제 무게를 견디지 못하여 떨어지는 것처럼 조용히 숨을 거두게 했다면서, 삶의 말미를 그녀에게 허락한 시어머니와의 인과에 감사를 드리고 싶다고 적었다.

나와 시어머니의 삼십 년 인과는 씨줄 날줄 올 고르게 잘 직조되지는 못하였다. 그러나 그 성글었던 인과를 그런대로 잘 매조지 하였다며 요양병원에서의 마지막 석 달을 오히려 감사했던 나의 안도가 나의 지독한 오만이었음을 깨닫는다. 나는 시어머니에 대하여 깊이 미안했다.

학생들의 임상실습 지도를 위해 요양병원을 방문할 때가 있다. 그럴 때마다 절실하게 공감하는 한 가지는 품위 있는 죽음을 맞는 것이야말로 모든 사람에게 반드시 주어져야 할 권리라는 것이다. 최근 학자들도 죽음학 또는 임종학이라 불리는 사나톨로지(thanatology)를 활발히 연구한다. 국내에서는 2008년 '김 할머니 사건' 이후 시도되었던 '웰다잉법' 일명 '존엄사법'이

진통 끝에 올 초 국회를 통과했다는 소식이 반갑다. 이십여 년 임종환자를 돌보았던 퀴블러 로스도 그의 저서 《On Death And Dying 인간의 죽음》에서 각종 의료기구가 부딪히는 금속 소음과 배려 없는 의료인들의 목소리를 들으면서 생의 마지막을 보내는 것이 아니라 가족들의 '말 이상 가는 침묵 속에서 품위 있게 마감할 수 있기를 바란다고 하였다.

내남없이 그러하기를, 죽음이란 항상 강 건너 일만 같고 아직은 더 누릴 일이 남아있다고 여기다 마침내 죽는다. 언제 죽을지 어떻게 죽을지 몰라 다만 두려울 뿐이다. 혹 어떤 이가 나는 항상 죽음을 준비한다며 제법 우아하게 말하지만 죽음을 쓴 어느 책에선가 내일 죽을 날 받은 사람도 막상 자기 죽음을 직시하기란 쉽지 않다고 했다. 죽음에는 독학이 없고 오직 죽음에서 죽음을 배울 뿐이라며.

나의 생의 마지막은 어떠할까. 부디 무작한 배웅은 아니기를.

작은오빠에 대한 낯선 잔상에 시달리다가 선잠에서 깬 새벽녘이다. 새삼 여덟 형제 중 막내인 내 나이가 예순이 넘었다는 체념으로 목안이 찌릿했다.

> 어느 가을 이른 바람에
> 이리저리 떨어질 낙엽처럼
> 한 가지에 나도 가는 곳은 모르온 저

문득 〈제망매가〉 시구를 웅얼거리다 말고 언니를 불렀다.
"언니야, 우리 큰오빠 뵈러 갈래?" 날 밝기를 기다려 뜬금없는 고향 길에 나선다.

일몰 너머

 홀린 듯 단어 하나에 빠져들 때가 있다. 그 단어를 제목으로 쓴 책에 꽂혀 걸음을 멈춘 날이 있다. 소설 『너머』는 순전히 그렇게 끌려서 값을 주고 읽은 슬픈 일몰 이야기이다. 일몰을 지나 그 너머까지 읽어보라 채근하는 소설이다.

 간병인이 이불을 들췄다. 순간 N은 이제껏 보지 않으려 했기에 보이지 않았던 무언가를 또렷이 직시한 느낌이었다.
 "이것 좀 보오. 내 세상에 여기 내려온 첫날에 놀라서 잠을 다 못 잤소."
 N은 눈을 감거나 고개를 돌리지 않고 간병인이 하는 모든 것들을 지켜보았다. 드디어 새 기저귀를 채우고 옷을 입히고 이불을 덮었다. 어머니의 푹 꺼진 눈꺼풀 속에

눈물이 맺혀 있었다. 어머니의 말로 표현할 수 없는 고통이, 그리하여 N으로서는 짐작도 할 수 없는 고통이 거기 고여 눈곱으로 굳어갔다.
  N은 툭 뱉어내듯 순식간이야, 하고 말했다. 순식간에 끝난다고 순식간에, 하고 주문처럼 중얼거렸다. 순식간에 끝나······.
  - 권여선의 소설 『너머』 부분

  사실은 한 번도 너머를 본 적은 없다. 아끼던 신발 한 짝이 떠내려간 곳, 몇 번의 실패 끝에 겨우 띄운 가오리연이 그만 끈을 떼고 날아 가버린 곳, 시집간 언니가 산다던 거기 재 너머, 지금의 허무가 끝날 그 너머 어딘가. 그리하여 너머는 손닿지 않는 곳 현실 밖이었고 의식 밖이었고 잠재된 공간이었다. 마침내는 나의 필연이며 이생의 궁극이며 종교적으로는 소망이어야 하는 불안과 평안의 모호한 경계 그 너머.
  여든셋의 김 어르신은 요양병원에 입원한 지 삼 년이 되었다. 기동장애로 침대에서 내려올 수는 없으나 인지가 명료했다. 침상에서 할 수 있는 자가간호가 가능하고 핸드폰 등의 기기도 잘 사용하며 일상의 언어는 점잖았다. 그렇게 요양병원에 적응하는 것도 같았다. 적어도 그날 새벽 순회하던 직원이 그의 주검을 발견하기 전까지는 그러했다.
  침대 머리를 세우고 등을 기대앉은 그에게 문안 인사를 했으나 아무 대답 없는 것을 수상히 여긴 직원이 불을 켜고는 죽음을 안 것이다. 침대 난간에 핸드폰 줄이 묶여 있고 줄의 다른 한쪽은 그의 목에 감겼는데 침대를 조절하는 수동 손잡이가 손안에 있었다. 가족들은 조용히 처리되기를 원했고 매스컴은 합의하여 침묵했다. 김 어르신은 퇴직 경찰관이었다.

사돈어른은 백 살을 넘긴 지가 몇 해 되었다. 백 살이 넘으면 나이를 세는 게 아니라 하니 그냥 안부만 묻는다. 사돈어른은 젊은 시절부터 매사에 꾀시러워서 그이의 맏사위는 장모를 일러 지구상에 현존하는 사람 중에서 가장 존경한다며 치세운다. 아들이 지은 집에서 도우미의 수발을 받으며 혼자 지낸다. 손수 탄 믹스커피를 들고 마루 끝에 앉아 마당가의 꽃을 보는 게 하루의 시작이다.

문안하는 사람에게는 용돈을 쥐여보내고 통장의 잔고를 꼼꼼하게 기억한다. 뉘라서 그 어른의 백세인생을 부럽다 하지 않을까. 그러함이나 그녀의 딸들에게는 백 살이 넘은 친정엄마가 설핏 마뜩잖다. 만에 하나 자식 먼저 앞세울 일이 있을 만도 하여서…. 나는 딸들의 염려를 이해한다. 살아 계실 때 한 번 더 문안드릴까 물어보면 막막 손사래를 치곤 한다. 그러는 딸들은 아무도 아무것 입댈 거리 없는 효녀들이다.

수필가 김정화는 다대포의 일몰을 두고 붉은 온점을 찍는다. '바다가 꽃잠이 든다. 완경이다.'라고 수필에 적었다. 금융계 요직에서 은퇴하는 남편을 두고 이제는 지는 해라며 허전해

하는 누이에게 그가 말했다. 일몰이 더 아름답다고. 민속학자 김열규 역시 노년을 일러 일몰처럼 사무치고 곱고 야무지고 아름답다고 하였다.

저이들은 일몰증후군(sundown syndrome)이라 명명한 알츠하이머 노인들의 증상을 염두에 두어 본 적이 있을까. 매거하지 않더라도 일몰이 몰고 올 연상은 죄 슬프다. 슬픈 일몰이 내내 두렵다. 남루한 일몰이 진정 무섭다. 이미 대면한 타인의 일몰도 장차 나의 일몰도. 거기에 무슨 언어의 어떤 채색이 따로 필요한가. 채석강의 일몰 앞에서 탄성을 질렀던 기억이 무람하기만 하다.

모든 생에 질문한다. 가장 평안해야 할 이생의 한 구간은 언제일까. 너머 저 생으로 가기 전 마지막 일몰의 삶이어야 하지 않을까. 동백처럼 절정의 순간에 '문득 꽃모가지가 추락하여' 죽지 않는 담에야 깡그리 삭고 허물어져 남의 손을 빌어야 하는 까닭에 역설적으로 가장 인간다운 대접을 받아야 하지 않을까. 지는 목련처럼 질척거린다 해도 아직은 사람이라서.

『잠 못 이루는 밤을 위하여』를 쓴 카를 힐티는 제네바 호수 별장에서 집필하며 딸과 함께 머물렀다. 어느 날 아침, 호수를 바라보며 딸에게 따뜻한 우유를 가져다 달라고 했다. 딸이 왔을 때 그는 평온한 미소를 띠며 죽어 있고 옆에는 그가 방금까지 보던 책이 놓여 있었다.

소설 『너머』의 어머니와 김 어르신은 일몰 그 너머에서는 평안하신지. 우리가 자신의 죽음을 선택하고 계획해도 아무렇지 않을 그런 시대는 언제 올는지.

남아있는 나날

 내리 사흘, 세 번의 조문을 다녀왔다. 다 나이 든 이의 죽음이다.
 한 분의 며느님한테 전해들은 고인의 서사가 저릿하니 슬픈 듯 또는 아닌 듯, 아무튼 예사는 아니었다. 서른둘에 혼자되어 자녀들을 잘 건사했고 그만하면 노후도 궁하지 않았다. 유언으로 혼서지를 한복과 함께 태워달라 했단다. 사연 절절하게 배웠을 그 옷 입고 혼서지 들고 먼저 떠난 영감 만나러 간다고. 아흔넷의 고령임에도 고 망할 콧줄 꽂은 채 팔 년을 요양병원에 누워있었다. 혼서지를 같이 태워달라는 게 슬픈 건지 요양병원에 콧줄 꽂고 오래 누워있었다는 사실이 슬픈 건지 아니면 그 반대인지. 한세상 살고 돌아가는 길이 꽃길일 수만은 없는 것인가.

역병으로 휴지 했던 예배에 이어 성가대가 부활했다. 무려 이 년여 만에 성가대석에 앉는다. 고맙고 반갑고 그러다가 그만 뜻밖의 낯선 풍경으로 울컥했다. 예배당 한가운데 있던 이른바 경로석이 사라지고 없다. 붙박이처럼 자리를 지키던 은발의 경건하고 순정한 권사님들이 안 보였다.

"그 권사님들 다 요양병원에 안 갔나."

이즈음은 교회의 주차 상황이 여의찮아서 지하철을 타고 다니는데 때마침 만난 권사님이 사라진 은발들의 행방을 한마디로 싹 정리해버린다. 미루어 짐작되는 요양병원과 쉬이 짐작하기조차 송구한 권사님들의 남아있는 나날로 하여 그날은 종일 울적했다. 그러고 보면 예배당 이곳저곳 보이는 오래 익숙한 얼굴의 그이들도 다 나이 들어 희끗하다. 한때는 두 손과 가슴과 무릎으로 지심껏 교회를 섬기던 그들이다. 때로는 냉철하게 도도하게 명품 바람을 휘날리던 그녀들이기도 하다. 그이들 속에 장차 은발의 행로를 간단명료하게 요약한 지하철의 권사님도 나도 포함된다. 어김이 없다.

범내골역 출입구에 국화빵 리어카가 있다. 지하철에서 내려 집으로 오는 길에 한 봉지씩 사곤 한다. 천 원에 다섯 개다. 어느 때부터 주인이 한 개 더 담는다. 매번 미안하기도 하여 두 봉지를 사는 날에는 세 개를 더 담아준다. 그 국화빵 리어카의 포장이 걷혀있다. 반가운 마음에 얼른 다가가다가는 멈칫 서 버렸다. 코로나의 역병을 거치는 동안에 주인 남자의 머리

칼이 헐빈하니 허예졌고 얼굴에는 표나게 골이 졌다. 한눈에도 늙음이 완연하다. 그를 보는 내 마음도 편치 않거니와 이태만에 나를 보는 그도 필시 그를 보는 나와 같이 여기리니. 더 이상 국화빵은 사고 싶지 않았다. 내 눈이 국화빵과 멀찍한 지하철 출입구를 훑고 있다.

언니 둘을 못 만난 지 좀 된다. 둘째 언니는 어린 나에게 간당구를 만들어 입히고 아궁이 불씨에 달군 고데기로 동그랗게 앞머리를 말곤 했다. 셋째 언니는 받아쓰기 '훨훨'을 틀렸다고 싸리 빗자루 가쟁이를 꺾어서 때린 선생님이었다. 그랬던 언니들이 너나없이 퇴행성의 불편으로 꼭 필요한 일이 아니면 바깥출입을 안 한단다. 큰오빠가 고향을 지키고 계실 때 한번 다녀가라 기별해도 늙고 부실한 걸음걸이로는 고향 나들이가 싫단다. 고향 마을도 속절없이 늙긴 마찬가지이다. 울울창창하던 큰골 작은골 앞산도 하늘 아래 자리보전하여 누웠다. 기골 장대하던 방천도, 혈기방장하여 자주 식겁을 주던 둠벙도 죄다 노쇠했다. 마을 입구 둥구나무는 뼈마디가 앙상하고 저쯤에 붉디붉던 배롱나무 졸가리가 야위다 못해 배배 휘었다. 굽었던 골목은 더 굽어 있다. 그 골목마다 청춘들의 은밀한 눈맞춤이 공중 포물선을 긋곤 했건만. 밥은 자셨는지, 안부 물을 노인조차 보기 드물어진 지도 이미 오래다. 이러니 늙은 언니 둘 보탠다고 어데 눈자리 날 것도 없는 고향이건만⋯. 지근에 사는 넷째 언니는 그런 언니들 걱정으로 오늘도 통화가 길다. 얀정머리 없는 나는 가만히 듣고만 있다.

영화《남아있는 나날》의 스티븐슨을 생각한다. 대저택 달링턴 가의 완벽한 집사인 그는 휴가를 얻어서 일 때문에 떠나보냈던 사랑하는 여인 캔튼을 찾아 먼 길을 나선다. 캔튼에게는 그녀만의 다듬은 삶이 있다. 긴 그리움은 턱없이 짧은 만남으로 끝나고 만다. 스티븐슨은 쓸쓸하고 허망했다. 그래서인가. 영화《더 파더》의 앤서니는 치매로 조각난 기억을 붙들고 요양병원에 있다. 여기가 어디냐며 엄마가 보고 싶다며 간호사의 품에 안겨 어깨를 들썩이며 흐느낀다. 시간과 공간이 전혀 다른 두 영화 속 인물의 배역이 '안소니 홉킨스' 동일 배우인 까닭으로 스티븐슨과 앤서니를 한 사람의 이은 생으로 각색하는 것도 내 나이 든 감상 탓인지.

남아있는 나날 중 가장 젊은 한날이다. 남편은 함께 나이 들어가는 손아래 동기들을 만나러 도회 티 낭창한 그곳 아난티 코브로 떠났다. 나는 고향 내음 흔감한 청국장 꾹꾹 여행 가방에 눌러 담고 나이 가뜩한 자매들을 만나러 기차를 탄다. 피붙이…, 남아있는 나날의 궁극일는지도.

■ 작가연보

1956년 경남 하동 출생
      진주여고, 고신대학교 간호학과와 동 대학원 졸업
      간호사, 대학강사, 간호학원장

2008년 스승 유병근 문하에 수필 입문 후 문단 활동
      드레문학회
      일신문학회
      부산문인협회
      부산수필문인협회
      수필과비평작가회의

2011년 《수필과비평》 수필 등단과 수필집 발간
      『전잎을 다듬다』
      『은은한 것들의 습작』
      『메별』
      『수비토의 언어』

2012년 드레문학회 회장
      부산문인협회 이사
      부산수필문인협회 이사
      수필과비평작가회의 부산지부장
      드레문학회 동인지 《에스프리드레》 편집장
      부산수필문인협회 계간지 《부산수필문예》 편집장

2020년 제15회 황의순문학상
      제13회 부산수필가문학상 대상 수상

2025년 현대수필가100인선 Ⅱ 수필선집 발간
      『우리의 매력 중 하나는 나이』

현대수필가 100인선 Ⅱ·64
황선유 수필선

우리의 매력 중 하나는 나이

초판인쇄 | 2025년 07월 07일
초판발행 | 2025년 07월 10일

지은이 | 황 선 유
펴낸이 | 서 정 환
펴낸곳 | 수필과비평사 · 좋은수필사

주 소 | 서울시 종로구 삼일대로 32길 36,
　　　　 (익선동 30-6) 운현신화타워 305호
전 화 | 02)3675-5635, 063)275-4000
등 록 | 제300-2013-133호
홈페이지 | http://www.shinapub.com
e-mail | essay321@hanmail.net

값 10,000원

ISBN 979-11-5933-593-8　04810
ISBN 979-11-85796-15-4　(전 100권)

* 저자와 협의하여 인지는 생략합니다.
* 잘못된 책은 바꿔 드립니다.